说服性写作

[英] 彼得·弗雷德里克◎著

（Peter Frederick）

肖志文◎译

PERSUASIVE
WRITING

湖南科学技术出版社

导　语

如果写作的目的是让他人阅读，那一定要目标明确。换句话说，想要如你所愿来说服读者，一系列的文档都可以实现：电子邮件、个人履历、广告文案与招聘启事等。

我的大部分时间都是在训练写作者如何成功申请研究资金资助，这是一个竞争异常激烈的过程，必须一招制胜，无法从头再来。过去十年中，我致力于创建具体而实用的说服性写作技巧，不仅教他们与全欧洲的竞争对手一较高下，也让他们如愿以偿获得数百万的研究资金。最近，这一系列技巧也成功地应用于生活与商业的其他领域：个人履历、商业评论、销售文案与慈善竞标。

你可以将手里的这本书当作一本课堂笔记（如同那些打印的一摞摞材料被塞在抽屉里落满灰尘也不会打开）。因此，里面的内容不会包含太多的调侃、逸闻及冗长的类比句子。恰恰相反，它聚焦于写作中的说服技巧怎样运用于实践，并附上真实的写作范例。

说服性写作是在完全弄清楚自己的需求之后，最有效、最快捷地向他人提出要求并获得许可的艺术。本书涵盖的简明写作与决策理论的系统观点与知识，会有助于你达成理想的效果。通过本书，你将对以下事项有所了解：

- 理解为什么要写作，读者是谁，你需要从他们那得到怎样的回应以达成预期目的。

- 运用喻信、喻理、喻情等方式说服读者，学会在商业文档中向读者讲述故事。

- 理解人们为什么会犯逻辑错误，如何将这些存在错误的推理转换成写作中的优势。

- 删减冗余词句，运用七步简洁写作法来创建简短有力的文档。

- 灵活运用动词，赋予文字活力。

- 避免拼写、标点与用词方面的常见错误。

- 通过规划写作结构来简化流程，提升文档的可读性。

- 运用字体选择、项目符号与标题图形等工具，提升作品美观度与亲和力。

- 熟练掌握电子邮件、网页、个人履历、拨款申请等常用文档写作技巧。

- 在其他方法失效的情况下，熟练运用说服的艺术来促使读者做出预期反应，达成目标。

无论是在商业还是生活当中，无论你所写的是长篇报告还是言简意赅的电子邮件，只要带着说服他人的目的来写作，这本书就是你的理想选择。

目　录

第 1 章

什么是说服性写作

任何为达成目的而进行的写作，都可以称为说服性写作。在商务往来中，你写作的所有内容都需要具有说服性，如果并不带任何预期的目的，那你写作的意义何在呢？

例如：

- 求职信。
- 通知所有员工实行新政策的电子邮件。
- 商业竞标书。
- 用于追讨债务的文档。

以上文档，都需要获得读者的某种回应，因此内容必须具备说服力。即使是虚构作品的写作，也同样要具有说服力，作者必须让读者们对小说的内容笃信不疑。

简而言之，只要你写的内容需要他人来阅读，这就是说服性写作。（是的，这当中也的确有一些例外。比如文字笔录，但这个断言在大部分情况下是有效的。）

本章内容能帮助你弄清以下关键问题，包括：

1. 你为何写作？
2. 你的潜在读者是谁？
3. 你的预期目的是什么？
4. 为了达成目的，需要潜在读者做出怎样的回应？

1.1 你为何写作

写作是最佳的沟通媒介吗

有一种广为人知的说法，在面对面沟通中，只有7%的内容是口头交流的。显然这几乎不可能，除非在一些特定场合。（得出以上结论的研究并未关注整体的沟通效果，仅仅聚焦于沟通的情感与态度。）面对面沟通确实有许多优点。在写作中，你无法运用当面交流中那些有效的沟通工具，比如：向对方翻个白眼表示轻蔑与讥讽；或是通过手势或注视来体现你的真实可信等。如果你风趣而有魅力，那么说服对方自然会轻而易举。

不过，与面对面交流相比，写作有其自身的优势：你有充足的时间打磨语言，对文字进行润色修订，并向他人寻求修改意见。甚至你能穿着睡衣，想吃多少大蒜都行，蓬头垢面不用打理形象，从而埋头进行这项工作。

你可能觉得当面沟通很快捷，也充满活力与自由。比较而言，写作是一个缓慢、慎重与精确的过程。当你深思熟虑后，你可以在这两者中选择一个说服对方的最佳媒介来进行沟通。

目标

如上所述，说服性写作应该以目标为导向。因此，你必须在动笔之前设立明确的目标。

运用上一页提及的范例，你所设定的目标可能是：

- 一份工作面试的邀请；
- 7 天之内，90% 的员工执行新政策；
- 在商业竞标中获胜；
- 在 28 天之内将坏账成功追回。

尽管设定目标听上去轻而易举，但当中也存在一些常见的误区：

1. 目标过多；
2. 目标不明；
3. 答非所问。

目标过多

"我想要员工知道工资总额已经冻结，办公室需要重新装修，公司新的管理层到任，同时，还要鼓舞员工士气，让公司利润增长 20%。"

好吧，最后这句的目标可能不切实际，但却是全文最重要的一点。我们经常试图在一次沟通中就将所有信息统统囊括，在群发邮件时这一点尤为突出。但你得记住，大多数人只会对当中的一条信息感兴趣，所以最好运用这个法则：少即是多。

在总体目标下，会存在一些次级的子目标，请确保这些目标都切实可行。比如：

"在通知员工工资冻结的消息后，尽量保持不超过 5% 的人做出过激反应。"

这个子目标设定得很合理，为了让大多数员工冷静地对待这件事，你会更谨言慎语地进行沟通，然而：

"让员工知道工资冻结并提高士气。"

这个目标肯定就不切实际了。

甚至在篇幅较长的文档中，如年度报告或销售计划等，虽然你有许多想要达成的子目标，但必须提出一个明确的总体目标。

目标不明

我们都遇到过类似情形，在撰写了一篇长文或电子邮件后，以为能让目标读者刮目相看，结果发现对方的反应是不知所云，更别谈被你说服，这是因为缺乏明确的目标。

投诉信就是一个很好的例子。你为什么投诉？你有哪些具体诉求？如果你想要获得退款，那么在每一封信里你都要强调这一点，而不仅仅是在第一封信里提及。事实上，混杂在许多日期、数据或该责怪谁的话题中，事情的要点很容易被搁置一旁，你会忘了写信的初衷。不过，如果你真的只是想抱怨一番，那就另当别论了。

答非所问

在商业环境中，我们所写的内容大多数是对某个问题或请求的回应。在公司内部的邮件往来与商业竞标中也同样适用。你的目标读者都在期待一个明确的结果，如果对方直截了当地提出要求，那最好让他们如愿以偿。同样，如果你承诺会展示某一点，也请确保你说到做到。

以下是一则商业竞标书的范例：

2.2.7 通过对关键设备的调度，以对任务进行有效协助

由于 X 项目的开发对特定设备高度依赖，我们的主要商业伙伴将负责提供这些设备。联盟内各个公司的分工将是负责采购/租赁相应的设备，以完成各自的任务。

首先，这是一段糟糕至极且内容涣散的文字。更让人摸不着头脑的是，作者的标题明确指出了目的，而文字内容却没有任何证据加以支持。作者需要展示关键设备已经就位，但最后却说每个商业伙伴负责采购相应的设备，这明显是答非所问。

再次强调，以上的目标看上去一目了然，而你一旦忙乱，就容易把简单的事情忘得干干净净。

1.2　谁是你的读者

"乔尼的状态非常糟糕，他肚子有些不舒服，可怜的乔尼，他应该不能主持今天的薪酬委员会议了。"

如果这是写给一个四岁孩子的文字（他需要明白薪酬委员会是什么意思），也许还应付得过去。然而，这绝对不能用来当作对董事会发出的致歉信。如果无法弄清楚预期目标，你就永远无法说服他们。

对于目标读者，你需要明白以下几点

无论你的读者是谁，他们一定会有相通之处。以下六点放

之四海而皆准：

你的读者是知识欠缺的天才。除非你有充分的把握确定读者具有相关的知识，否则你应该假设他们与你一样聪明，但对于沟通的话题可能一无所知。这有助于你将文字中的术语减到最少，避免你忽悠他们。

你的读者会发自内心地怀疑。无论我们阅读什么内容，脑子里一定会有一个怀疑的声音存在，质疑每一段文字。你得通过直接的沟通与可信的语气，让读者脑中的这个微弱的声音彻底安静下来。运用修辞性的反问句（这都是你不想读者回答的问题）会非常有用。不出所料，你提出那些让读者挑剔与质疑的问题，随后立即给出答案，这会让读者对你的理解加深，由此建立信任与感情。

你的读者会自行解读。如果缺乏正确的解读，文字就不过是纸片上的涂鸦而已。人们会以自身的经验与偏见对你的文字进行解读（详见第3章），这样一来，就有可能对你的本意全盘误读。这也可以解释为什么我们会看到两个人对同一个文本各持己见、争论不休，他们都坚持这个文本是自己观点的最好论据。

你的读者有更重要的事要做。这可能出乎意料，但是确实是实话。坦率地说，对我而言，在桌上侃侃而谈要比看几个文档有意思得多。如果你想要读者细致阅读你的文字，你就得花多点心思写得更有趣。言之有物，才能引人入胜。

你的读者会一目十行。这是他们"有更重要的事要做"的直接后果，要确保你的信息可以随时传达，易于传播与接触。实际上，如果你能看到这一点，我会有些吃惊。

你的读者想被你吸引。一旦读者投入时间与精力来阅读，他们希望确认这个过程会物有所值。如果一开始就让他们感觉索然无味，这会过早失去他们的注意，并让你的写作徒劳无功。你的文字让他们越着迷，他们对你投入的信任就会越多（第3章会阐释为什么会这样）。

以上这些要点，都需要你充分理解与把握目标读者的需求。有时候，你并不知道他们是谁。这种情形下要做出相应的假设，构建具有代表性的读者模型，分别创建"最佳"读者与"最差"读者群体，可以让你不会偏向当中的任何一方。

在对读者进行评估时，充分考虑以下因素：

- 姓名（如果已知）
- 性别
- 年龄
- 教育水平
- 职业
- 与你的关系
- 阅读的动机
- 他们可能在何处阅读
- 他们会在何时阅读
- 敌意/挑剔程度（读者对你有多大程度的抵触？管理层在向员工写作时，这一点至关重要。）

只要你将读者放在心上，那你在写作过程中会将上述因素一一考虑周全。

如果他们太忙或者太挑剔，就不用对文字进行过度修饰，最好简明扼要。如果听众是语言专家，那就洋洋洒洒写一份振奋人心的文本。别忘了你为何写作：深刻理解读者，你才能有效说服他们。

说服你的读者，而非自己

举个例子，你在宝马汽车的门店从事销售工作。在众多车型中，你最中意的是一款价格不菲的黑色两座 Z4 跑车。这也许是整个展厅里最好的车，但如果你一门心思只推荐自己最爱的车型的话，那你可能离失业不远了。顾客有着各自的喜好与需求，作为销售人员，你要随时调整来投其所好。这在写作中也是同理：确保你是针对目标读者的需求而写作，不要闭门造车来写只让自己满意的所谓杰作。

广告界充斥着为各行各业宣传遗留下的标语与词句。网络上这一类"遗迹"比比皆是。以下的文字来自一家咨询公司网站：

将信息资产产品化

有效运用跨企业知识投资

想在快速发展的竞争环境中生存，你要依靠存在于各个主要公司的跨平台信息资产，并要快速识别环境变化后再将其产品化。通过提供一站式合力干预的组合产品，Acecorp 咨询公司已成为世界范围内识别与运用知识投资的领先机构。

如果你是一名 IT 咨询顾问，以上文字看起来非常精彩。可惜，这家公司的顾客并非处在 IT 咨询业，我看到标题后能勉强继续阅读，只是因为我不得不读。依我所见，作者想要表达的真实意思如下：

从你的信息中获利

有效运用你的跨企业知识资产

你的商业成功取决于你对变化的反应能力，通过将跨组织间的知识资产进行有效整合与利用，你的反应将更为迅捷。Acecorp 咨询公司已成为全球领先的信息管理公司，我们有易于操作的组合解决方案，将有效协助你识别与利用企业的知识资产。

记住：说服你的读者，而不是你自己。

调整风格——从学术风到商务写作

差不多有一半的人在进行职业写作时会运用在大学所学的技能。学术机构中所教授的是特定的写作风格，这在研究中比较理想。但是，这种写作风格的一些优点反而会成为商业写作的障碍：

用词拘谨

在学术论文中，如果要确定某件事是正确的，必须有绝对的把握。结果是语言风格往往变得模棱两可（"这似乎表明"而不是"这说明"）。作者会同时提供许多背景细节、注意事项与参考文献，以避免任何错误的理解。在商业写作中，如果语言如此拘谨，会削弱所传达信息的影响力。例如，价格比较网站不会出现以下表述：

"对于特定群体而言，如具备特定的驾驶经验，有可能会降低他们每年的机动车保险成本，不过这也取决于他们目前的保险公司与明确的保险条款。尽管如此，初始保险费用的节约是否可以改善长期的财务状况，还需要进一步的研究才能确定。"

在你没有把握的情形下，写作中包含不确定和怀疑的措辞会削弱说服力。如果一定要提出警示，也不要过分强调。最好的方式是先说服你的读者，再提示注意信息。

以第三人称语气写作

虽然这样客观独立，但会显得冷漠、缺少亲和力。第一人称写作会与读者更为亲近友好，更易于与他们沟通。

不合时宜的大词

一份典型的学术报告中会包含较多的专业术语（特定主题词汇），以符合其通用语境。在第 5 章我们会讨论如何削减复杂词语，从而更有效清晰地传达你的信息。

当然，如果你的读者是学术界人士，运用这种风格写作对他们更具有说服力。关键的一点，要适当地调整写作风格，说服你的目标读者。

1.3 读者反应 = 最终结果

我们已经充分了解了读者，也有了明确的目标。现在来讨论最难的部分：如何说服读者达成我们的目标？这将由读者的反应来决定。

读者反应由以下两部分组成：

情感反应：这是读者内心所产生的感受（遗憾、忧伤、喜悦等）。

意向反应：这是由读者体验到自身感受后的行为意向（买东西、停止做某事等）。

以商业竞标举例，一份不错的投标书具备所有必需的内容，好的标书也能引发评审方的情感共鸣，会有效提升竞标成功的概率。

对具有说服力的作者来说，他的终极目标是得到读者的如下反应：

"这太糟糕了，我必须施以援手。"

"情况如此紧迫，我得马上把这件事搞定。"

"这么做真聪明，我喜欢这个广告。"

最后这一条并没有直接让读者做出意向反应的举动，但是其预期结果可能并非说服他人去购买产品，而是创建品牌形象。

知名饮料品牌健力士（Guinness）曾在"相信""舞者"和"进化"的一系列广告中有效运用了这项技巧。这些广告的创作并非偶然，广告商带着明确的目标来打造品牌认知度，在充分理解目标观众的喜好之后，依此创造了正确的观众反应（观看后带来的愉悦，或是触发的深度思考），这样一来，就达成他们预想的结果了。

不同读者的不同反应

你发招聘广告的目的是什么？你可能是想吸引特定的应聘者，此外，你肯定也想让那些跃跃欲试但并不适合的人知难而退，否则的话你会应接不暇。

招聘广告中会采用"你必须拥有硕士学位"之类的描述，这会吸引合格的应聘者投递简历，他们也会因为符合高标准而充满自我成就感。并且，这也会将资质不够的应聘者拒之门外。同样，精心选择非常简洁或者复杂的措辞，有助于你吸引正确的读者群体，同时筛选掉非目标读者群体。

因此，你想得到正面还是负面的反应，取决于你想从读者那里得到怎样的结果。

行动口号与读者回报

说服性写作的一条基本原则是告诉读者如何按你的预期行为方式来执行。不要抱有命令读者去做某件事的企图，要让他们自己做出决定。尽管如此，一旦他们做出决定，你就应该提供达成目标所需的所有工具。有时这被称作"行动召唤"。如果工具缺失，读者可能会对你完全赞同，但却毫无反应，这就是你所要承担的风险。

规则 1：文档中要有"行动召唤"。

要唤起读者的行动，需要做到以下两步：

1. 你能做什么？
2. 如何达成目标？

第一步基于意向反应来创建，读者对于当下状况想要做些什么，不过可能并不明白该采取怎样的具体行动（或你想让他们怎么做），所以，必须要提出清晰明确的要求。第二步是提供所需的工具。具体来说，是解决问题的几个要素：地点、人物、时间与执行手段。

"行动召唤"的范例应该是这样的：

"请在 10:00 之前拨打这个电话，告知你的决定。"

"想获得这个机会，请发送邮件至 sales@ acecorp. com。"

如果时间足够（例如广告，读者的反应就不一定会立竿见影），你可以设法让读者更多地参与到整个说服过程中来。而当读者在这当中有所受益时，他们的参与度会更高。在小说写作中这是基本准则，运用到商业写作中也同样奏效。

试想一下以下的场景：你向老板提出要解决某个问题，可能你此时对解决方案已经了然于胸，并能立即要求他们（有些奇怪的是，在英语中无法找到指代某人但不体现性别的词。我想用"他"，但又可能会被认为是性别歧视，用"他们"又怕被人说语法不对。《牛津英语词典》也没有特别的偏向，所以在这里我用了第三人称的"他们"）做出行动安排。但是，更好的方式有可能是在你陈述问题后，有效引导老板来达成解决方案，而不是直截了当地说出答案。这会让你的老板在解决问题的过程中有深度的参与感。在这当中，思维火花的迸发会让他感觉更加自信与充实，对接下来的行动更加干劲十足。因此，你会一举两得。更为重要的是，这是他们做出的决定，并将付诸实施，详见第 3 章。不过，这需要读者对于决定的结果有充分的理解与预期。

1.4　小结

说服性写作适用于你所写的每一份被他人阅读的文件，在动笔之前，请先问问自己以下问题：

- **你为何写作？**

——有其他更好的选择吗？

——你的文档能真正达成目标吗？

- **你为谁写作？**

——你真正了解读者吗？

——你是在尝试说服他们，还是在说服自己？

在计划你的写作时，请牢记，读者反应等同于最终结果：

- 清楚你想要什么（**结果**），

- 结果从何而来（**读者**），

- 最有可能获得预期结果的**反应**。

想要确保你达成目标，请记住要写出所需的行动召唤，这是给你的读者做出明确行动的指示。

第 2 章

说服性写作的工具

本书第 1 章强调了说服力的重要性，同时阐释了说服性写作的基本原则。本章将为开展写作提供更多有效的工具，以帮助你得到正确的读者反应。

本章将包含以下内容：

■ 喻信（ethos）、喻理（logos）、喻情（pathos）
■ 运用有感染力的语言
■ 你、你们、我、我们
■ FABU
■ 讲述故事：
　　——七种基本情节
　　——七种基本需求
■ 一个说服性写作的范例

2.1　喻信、喻理、喻情

乍一看这些词有些眼熟，但这个标题跟三个火枪手（Athos、Porthos、Aramis）毫无关联。实际上，这是亚里士多德（亚里士多德是公元前 4 世纪的希腊哲学家、柏拉图的学生，同时也是生物学家、伦理学家、诗人、物理学家和多才多艺的大师）所提出的说服力三要素，具体是喻信、喻理与喻情。

喻信（人格）

它指的是道德品质、专长与知识。想要具备说服力，就要让听众坚信演讲者是他们要听从的对象。这也可以理解为"尊重"，尤其是来自听众的尊重。如果你是来自癌症治疗中强调适形放疗（IMRT）领域的专家，那么你的发言将得到专业人士与患者的充分尊重。而这个头衔想要得到街头混混的尊重，那很可能是对牛弹琴。

在写作中，你应该用良好的声誉去赢得尊重。如果你在听众群体中籍籍无名，那就用高质量的写作来树立声誉。如果你的写作简洁、精确且具有说服力，那么听众会对你产生尊重并对作品做出回应。

喻理（逻辑）

喻理的英文单词 Logos 的词根是 Logic（逻辑性）。读者们对于逻辑清晰的文章一般会积极响应。这里的关键词是"因为"，如果读者们都能知晓理由，他们很可能会以你所预期的方式做出反应。

喻情（情感）

三要素中的最后一个。喻情，指的是个人情感。如果你能让读者产生感情上的共鸣，那么所得的结果一定会非常埋想。对此我们可以好好进行以下深入讨论。

你可能记得前一章中那个好记的公式：读者反应＝最终结果。运用我们以上讨论的三个要素，我们可将公式进行扩展：

理性、尊重与情感＝读者反应＝最终结果

在附录 4 的流程图中，你会看到这些说服性元素如何组合起来发生作用。在这里，你只要记住说服力三要素就足够了。

2.2　运用有感染力的语言

如果你是工程师或科学家，你此时可能想躲到桌子下面去了。因为在所接受的教育中，工程师们往往被谆谆教导尽量避免在文字中使用情绪化的语言，但说服性写作恰恰是依赖这一点。请随时记住我们的万能公式：

读者反应＝最终结果

读者的反应，取决于你在多大程度上能掌控他们的情绪。这并非让你进行戏剧化的表演：

"我再次哀求，求求你，如果你不签下这个单的话，我的孩子们就只能活活饿死了！"

不过了解读者的情绪点将有利于你对此进行驾驭。在第1章中，我们讨论了情感反应与意向反应，现在就可以开始让读者产生这些反应了。

你能利用的情绪有哪些

销售人员常挂在嘴边的两个词是贪婪与恐惧。如果你能有效针对其中的一种情绪就有可能达成目的。很明显，这对于你撰写销售文档也同样奏效。以下所列是你可以利用的一些常见情绪，这有助于你形成情感／意向反应：

- **贪婪**——"我会这样做是因为有利可图。"
- **嫉妒**——"人人都如此，我也要这样做。"
- **恐惧**——"如果我不去做，肯定会吃苦头。"
- **骄傲**——"除了我，其他人都做不到。"
- **同情**——"他们太可怜了，我必须施以援手。"
- **内疚**——"我要对此负责，该采取行动了。"
- **愤怒**——"他们怎么能这样！我必须做些什么。"
- **开心**——"我感到非常幸福，我愿意做任何事情。"
- **希望**——"如果我这样做，就有可能获得积极回应。"

在本书中，我所推荐的方法看上去都会有些枯燥无味，所以必须尝试以轻松聊天的方式来沟通，让读者保持愉悦的状态，期望能在阅读之后将信息与理念一一消化（如果你读到这里的话，证明我的方法成功了）。假如换一种方式，尝试利用读者的恐惧情绪，告知他们如果不读这本书会产生某种灾难性的后果，那可能没有人会相信我。所以，选择正确的情绪并加以利用，这需要你对目标读者有深刻的理解。

具有感染力的词语

通过运用有感染力的词语，你可以引导读者进入情绪化的状态中。例如，如果想要利用读者对于气候变化的内疚情绪，由此在环保网站上采购产品，那么销售文案中最可能出现的词语是"损害""伤害""毁灭性灾难""全球化""受苦"与"责任"。对于你将采取的行动，我也将针对性地运用一些充满希望的字眼。因此以下词语会产生效果，如"行动""协助"

"改变""立即去做"与"拯救"。

一旦了解了读者与想要达成的目标，好好运用上述情绪列表来激发适当的情绪反应。随后，列出有可能用上的一系列具有感染力的词语。需要提醒的是：如果你的读者精明聪颖，你就要使用得更巧妙、小心，否则结果会适得其反。

规则2：利用他人的情绪达到自己的目的。

另有寓意的词语

存在这类特殊的富有感染力的词语，其含义要超越词语的字面意义。如果你将竞争对手的产品描述为"合格"或"可以接受"，即使表面上看并非负面评价，但读者会认为你另有所指。其他的例子包括：

"这次并购终止了。"

"他的表现挺全面。"

"她在药物的帮助下才跑得那么快。"

灵活运用这类词语是驾驭读者情绪更有效的手段。不过，如果你过度使用，读者可能会觉得被戏弄。

煽情、移情与解决问题

这个技巧是利用感染力语言的突出范例。第一步先描述读者存在的问题，运用富有感染力的语言来让读者真切感受到问题的紧迫性。这时，读者的情绪会处在低点。他们现在最容易接受的是两种行为：理解与帮助。你要表现出对读者的处境感同身受，这有助于增进你的可信度并与他们找到共通之处。明确展示你对存在的特定问题的理解，而不是泛泛而谈（可以参见下面的 FABU 部分）。最终，提出你的解决方案。这样的话，读者会处在一个脆弱的情绪状态当中，你会赢得他们的信任，他们就更有可能接受你的方案。此种方法常用于保健产品中：

"对于青少年来说，严重的青春痘问题给他们造成了极大的困扰。由此带来的自信缺乏与社交困难会让人深感孤独无助，更有甚者，可能会毁掉你的青春。我们深刻理解这个问题的严重性，并全力以赴来解决这个难题。经过数年的努力，我们这款具有突破性的新型青春痘治疗产品能帮助你重拾自信、恢复青春。"

2.3　你们、你、我们、我——建立个人感情

这是说服性写作中另一个非常有效的销售准则。任何有说服力的对话都能用这种方式展开。举个例子：

"朱莉，你在区域销售中表现非常出色，我们的新销售目标是增长 20%，我想让你再接再厉，达成目标。"

以上文字的顺序，首先是开宗明义说明主旨，随后将注意力转至伙伴关系，最终将你的意见充分考虑在内。这样看上去，读者的意见/处境被放在最重要的位置，并在最后突出体现了你的诉求，这样读者更容易被说服。同样这也提醒你，身为作者从一开始就考虑读者，这绝对不会错。

在销售文书中，用词顺序也一样重要。"你们、你"应该要反复提及，整个文档要聚焦于客户的需求。"我们"一般代表自己的公司，在说明同客户之间的伙伴关系时应用。同时，除非必须要发表个人意见，"我"这个词要避免出现在文书中。

我们来看看一个真实的范例：

"协助公司实施创新，是将理念运用于新产品与服务的一种强劲而又持续的商业手段。

通过与地方、国家以及欧盟等政府机构合作，我们提供超过一万名科学家与工程师的服务，共同协作开发这些新的理念，并与其他合作公司共同分担创新成本。"

整段文字中只出现了一次个人化的词语："我们"。而代表读者的词仅仅是开头第一行常见的"公司"。如果你是读者，看到这段话，你会感觉这不是在与你沟通，而是在平淡地陈述事实。我们可以做如下修改：

"AceCorp 能帮助你进行产品与服务创新，同时在商业战略中高度协助你发现创新的力量。AceCorp 在业界提供创新理念拓展，我们也提供超过一万名科学家与工程师的支持，将这些创新的理念转化为现实。我们甚至能通过企业间的合作与政府资助来降低你的创新成本。"

修改后的文字，出现得最多的还是"我们"（或公司名称），但这正是最应该出现在公司网站上的宣传文字。无论如何，这当中倾注了更多个人感情，在与读者展开直接对话，就像双方在讨论"我"如何能帮助"你"。

> **规则3：**运用"你们、你、我们、我"与读者直接沟通。

只有用第三人称方式来进行写作（例如：学术报告、新闻报道等）时，你才能忽略上面这条规则。

2.4 FABU

FABU 是一个特别有用的缩略词，它体现的是某一事物与其他事物的区别，以及为什么人们会关心这种区别。FABU 代表的是：

- 特征（Feature）
- 优势（Advantage）
- 利益（Benefit）
- 诉求（U-Appeal）

特征是关于某事物的事实要素，赋予主体超过其他同类的某种优势。这种优势能给予使用者相关的利益，这些特定的利益会引起特定群体的兴趣。让我们以本书为例：

- **特征：**说服性写作流程图。
- **优势：**所有说服性写作的关键要点在一页纸里概括。
- **利益：**不需要再翻遍整本书来搜寻你想要的信息。
- **诉求：**我没有时间浪费在查找信息上。

当你尝试去说服他人时，时刻记住，前三个要素——特征、优势与利益不会对读者起什么作用，真正吸引他们的是第四个要素——诉求。比如说，如果你想安装一个 50 寸的电视机，尺寸大小你可能并不会在意，只要播放的画面更大，在观看电影时更加沉浸即可。同样，如果你了解读者需求，并且呈现出特征、优势与利益，你说服他们的可能性会非常大。

同理，将以上所述放到商业语境中去，你可能会写出以下文字：

"AceCorp 是欧洲历史最悠久的零件制造商（特征），这意味着对于客户需求我们有着无与伦比的深刻理解（优势）。无论在何种情况下，AceCorp 都能提供相应的小零件（利益），为你节省搜寻解决方案的时间与成本（诉求）。"

对于不同的客户，诉求可能会有细微的调整：

"AceCorp 是欧洲历史最悠久的零件制造商（特征），这意味着对于客户需求我们有着无与伦比的深刻理解（优势）。无论在何种情况下，AceCorp 都能提供相应的零件（利益），你将得到完美无缺、无需妥协的解决方案，可以一劳永逸了（诉求）。"

规则 4：告诉读者你能带来的利益，而不仅仅是事物的特征。

2.5 讲述故事

讲述故事是小说作家的专有技巧，所有的写作者都要善于运用。在非虚构的故事里，我们采用小说的写作结构，让文字更为生动活泼、振奋人心。这样文字的节奏也会更好。

规则 5：向读者讲述故事。

这个主题已经被反复讨论，这里也就不赘述了，只需要关注两个概念：

1. 故事结构的七个基本情节。
2. 讲述故事的七个基本要素。

故事结构的七个基本情节

故事的主题由情节来主导，情节决定故事如何展开。同时，这也与我们的读者反应息息相关。

有许多人都长篇累牍地讨论过不同的故事结构。我认为，克里斯多夫·布克（Christopher Booker）所列的情节最具有代表性：

1. **战胜怪兽**——彻底击败某种威胁或邪恶的势力（例如《星球大战》）。

2. **探寻宝藏**——某个群体踏上寻找某个宝藏的征程，而且最终完成任务（例如《所罗门王的宝藏》）。

3. **长途旅行与凯旋**——英雄踏上离家万里的旅途前往异乡，带着征途的经历与故事回到家乡，并成就自我（例如《格列佛游记》）。

4. **喜剧**——不一定非得是风趣的情节。由于某种误解或者无知造成两方的分别，历经波折最后重归于好（例如《仲夏夜之梦》）。

5. **悲剧**——被某事所吸引与迷惑（虚荣、贪婪等），深陷其中变得愈发绝望，垂死挣扎终究还是走向灭亡（例如《哈姆雷特》）。

6. **重生**——英雄被囚禁与压迫，危在旦夕时奇迹般地获得重生（例如《睡美人》）。

7. **一夜成名**——这就不言自明了（例如《灰姑娘》）。

上述情节与说服性写作有什么关系呢？试想以下场景：如果你为一家知名媒体撰文介绍自己的项目，你可以只是转述事实，但读者在文章中会有更多的期待，因此，你为什么不向他们讲述一个完整的故事呢？肯定，你的项目经历过重重困境，也曾像探宝一般获得新知。或者，在一开始存在某些误解最后也被梳理得清清楚楚。以上种种经历，都是可以构成有趣故事的情节，一定能带给读者信息需求之外的更多阅读乐趣。

讲述故事的七个基本要素

与故事情节一样，整个故事需要具备一定的特征来与读者产生联系。以下是根据知名编剧罗伯特·托宾（Robert Tobin）所列的清单，当然不是所有元素都能在你的故事中所采用，但可以作为参考：

1. **英雄**——故事主角，通过他的视角来观察情节发展。

2. **英雄的性格缺陷**——这是刻画英雄形象时所设的限制，正因为如此他才不怎么完美。

3. **现存环境**——英雄能够开展整个故事的环境因素，这也造就了英雄的性格缺陷。

4. **盟友**——能帮助英雄克服性格缺陷的伙伴。

5. **对手**——阻止英雄人物得偿所愿的人物,双方的对立可能是故意的(这个坏蛋),但不可避免。

6. **重大变故**——通常是由对手所创建的一个场景,让英雄有所反应并做出改变,这个反应也会与英雄的性格缺陷息息相关。

7. **危险**——英雄在面对重大变故做出应对时所需要承担的风险并克服自己的缺陷,如果不存在风险,故事就会变得毫无生趣。

重申一下,以上与说服性写作有什么联系呢?我们可以运用七个基本故事情节来考虑以上提到的商业故事(为媒体撰文)。如果我们想要讲述寻宝的故事(上述第二个情节),那么故事的基本要素可能会这样呈现:

1. **英雄**——公司或者研究团队。

2. **英雄的性格缺陷**——也许是知识或专业的缺失。

3. **现存环境**——预算偏低或者其他限制。

4. **对手**——政府机构。

5. **盟友**——同行公司的另一个研究团队。

6. **重大变故**——政府机构撤回研究资助。

7. **危险**——与对手化敌为友进行合作,共同承担研究成本。

最终的文章可能会如下:

"Acecorp(英雄)的使命是为疑难杂症类的疾病开发治疗方案,并减轻患者的医疗负担。为了做到这一点,我们依靠政府（对手）的拨款（现存环境）来引进我们核心团队所欠缺的专业研究知识（性格缺陷）。突然，在 2010 年初，政府削减了研究资助（重大变故），使得整个研究团队的工作几乎停摆。为了继续我们的事业，我们需要一个彻底的解决方案，并在最不可能的地方找到了它。Greedcorp（盟友）在热带疾病领域有着独特优势，但它只在小范围内的专业市场有效，我们意识到双方的合作能带来共赢（危险），这最有可能的结合会保证我们持续帮助那些世界上最需要帮助的弱势群体。"

请记住，你并不需要将每一个故事元素都包含在内，挑选出最适用的即可。

这两章要记的内容太多了，为了加深印象，我们在附录 5 中提供了详细列表，可以作为写作时的参考工具来使用，这样一来，可以确保全面覆盖相关的关键要点。

2.6　说服性写作范例

以下是一个真实的写作范例，首先交代一下故事的背景。这段摘要是为申请研究项目的拨款资金所撰写，在提交期限的最后一天，我才有机会花上半小时将整个研究提案改写为一个具有说服性的摘要（这是提早为我自己找个借口！）。结果，这段文字在限时提交的压力下，未做任何修订获得一次性通过。尽管如此，它仍然能展示说服性技巧如何运用，即使是在时间紧迫的情况下完成的。

该提案是关于开发一款可移动的石棉检测设备，所以可以从健康视角来引发读者的情感回应。以下摘要是以解决问题的故事形式展开，与文档本身的结构保持一致。

在欧洲，石棉所引发的疾病是职业病致死的主要原因之一。从事建筑、拆除与修复行业的 50 万工人，在 2030 年之前都会面临死亡威胁。尽管石棉已明令禁止使用，我们的工人仍然持续暴露在这种危害强烈而不可见的致癌物之下，主要由诸如隔热墙、水塔、天花板、地砖与墙面装饰等遗留物所致。我们深感此类风险对于我们的企业是难以接受的，必须引起足够的重视并加以解决。

目前，石棉的检测主要以空气取样为主。空气样本送达实验室检测后，在数日后得出结果，程序缓慢而且冗长。这不仅无法立即采取行动，而且检测也只是在怀疑有石棉的情况下进行。当前不存在实时检测石棉的设备与手段，不过 ALERT 项目能改变这一切。

十年前，研究人员发现运用光散射技术可以对石棉纤维进行检测，但由于技术难度与成本高昂，研究基本停滞。我们相信，这些障碍现在都能攻克，我们集结了世界领先的团队来继续这项研究，以开发一项成本较低、工人能持续佩戴以检测工作环境的移动监测设备。

开发 ALERT 系统，可以为 3000 万欧洲工人提供即时的石棉检测手段，从而有效地提供保护措施，以避免他们与世界上因石棉致死的 10 万人遭受同样的命运。

那么，为什么这个摘要具有说服力呢？让我们对关键要素逐项进行分析：

在欧洲，石棉所引发的疾病是职业病致死的主要原因之一。

这个简短的句子陈述了一个令人震惊的问题。正因为如此简洁，在继续阅读前，读者才有时间来消化整个问题的严重程度。文章中的下一句，展示了所提问题的范围与广度，在首因效应（见第 3 章）的影响下，读者应该会对以下这些要点高度关注：

危害强烈而不可见的致癌物……我们深感此类风险对于我们的企业是难以接受的。

这里使用了富有感染力的语言，增强了冲击感。"致癌物"是一个非常沉重的词语，特别是与"难以接受"这个修饰短语在一起，这样的组合表达出的情绪，是发自内心的愤怒与寻找解决方案的决心。

当前不存在实时检测石棉存在的设备与手段，不过 ALERT 项目能改变这一切。

现在，我们已处于整个摘要的中间段。即使在如此短的段落中，读者的注意力仍然很集中，运用简短直接的句子，让读者紧紧盯住关键要点，时刻保持警觉。为了进一步引起读者的注意，整个段落都保持精干，读者在快速阅读的同时还能消化信息内容，并回忆相关内容的更多起止点。

十年前……

这里算是技术要点，也是我们需要研究资金的正当理由。本段中，我运用了讲述故事的方式阐述提案的来龙去脉。解决问题的决心固然重要，我们在这里希望引起读者的情感共鸣，意味着这一段不能是整个摘要"最好"的位置。一般情况下，在读到文档的 3/4 时，是读者最难记住阅读内容的时候，所以，这些信息放置于此再合适不过了。

以避免他们与世界上因石棉致死的 10 万人遭受同样的命运。

在此展示了与所提问题相关的项目所能带来的好处。特别是暗示获得研究资金后所能达成的结果。言下之意是，如果研究资助遭拒，你将无法面对这 10 万个受害者家庭。这类文档中话不能说得太直白，所以在不损害可信度的情况下，用相对委婉的方式能达到同样的效果。

令人欣喜的是，以上提案成功获得了研究资助，这项技术现在正紧锣密鼓地进行研发。

2.7　小结

往往最有说服力的写作会充分考虑读者的反应。灵活运用以下技巧，就能有效创造出与读者情感共鸣的回应：

- 深思熟虑后，运用喻信（尊重）、喻理（逻辑）与喻情（情感）来说服你的读者。
- 灵活使用富有感染力的语言来创造不同的读者感受。
- 与读者直接沟通，尽量避免讲述自己的观点。特别是用明确的利益来吸引读者，并进行说服。
- 向读者讲述故事，选择合适的情节与故事元素来搭建故事结构，让你的写作更能打动人心。

要牢记：

逻辑、尊重与情感＝读者回应＝最终结果

第 3 章

说服力——超越逻辑

有时候，我们希望读者所得出的结论不一定是最具逻辑性的。如果人人都如同机器一样逻辑分明，那说服别人的工作只能依靠简单可靠的事实来进行了。然而，人类是情感动物，在做出任何理性抉择时，这个特征就会产生影响。接下来的这部分内容，我们会讨论哪些心理偏差会导致我们无法进行理性思考，在对它们加以掌握运用后，如何来增强写作的说服力。

关于文献资料的说明

你会注意到，以下的一些范例并未包含参考资料的来源说明。我也没有添加任何长篇的解释与细节。这纯粹是为了让本书言简意赅，物有所值。我个人推荐阅读关于决策理论的流行科普书籍，当中对相关现象有详细解释。而在本书中，我主要聚焦于这些理论的实践操作部分，并未过多涉及理论的历史源流。我推荐的相关阅读书目如下：

Sutherland，S（2007），*Irrationality*（Pinter&Martin）

Lehrer，J.（2010），*The Decisive Moment*（Canongate Books）

3.1　决策的科学

人的大脑是进化史的奇迹。大脑包含了 200 多亿个神经元，能以 2000 赫兹的速率高速运转，每秒处理完成高达 1 亿多个指令。每天，大脑都会在弹指间吸收并运行数以亿计的信息。但是，这种高效运转功能会让大脑对各种说服性行为产生怀疑。这样一来，如何理解与利用这一功能，对说服性写作的效果至为关键。

本质上来说，人类的大脑是一个神经网络，关键特性在于它的学习方式。神经网络特别擅长比较两种情况：一种是观察到的，另一种是记忆中的。例如，人工神经网络多用于物体识别，无论是哪一种角度，即便有某一部分被隐藏，它们都能一一识别。因此，神经网络在有效运转之前必须进行学习。累积的经验越多，做出决策的效果就越好。通过以经验为基础的决策，人类不需要一件件事物去仔细分析就能快速纵览全局。

以足球机器人为例，为了要进球得分，机器人在行动之前进行逻辑运算时，至少需要一个真实的足球与球门进行场景识别与分析。而人类可以在两队之间踢一个空罐子，因为人类的大脑可以进行类比，即使在没有最佳选择的情形时也能做出决策。这类信息处理流程不仅快速，也说明在信息不完整的状况下决策依然可以执行。所以，在单纯的数字计算中，计算机可能是常胜将军，而在真实世界里，人类大脑还是要略胜一等。

不过，这一让人惊叹的决策引擎并非完美。首先，它利用化学激素驱动，比如肾上腺素、睾酮和催产素等来选择或切换决策模式。有时，所选的（例如战斗或飞行）不一定是最佳模式，但却很难有意识地去推翻。其次，大脑对于全新的信息质量无法全面评估，而且，一旦做出评价就会变成参照基准。最后，想要做出快速、果断的决策，大脑必须对接收到的信息与使用信息的方式产生固定偏好模式，如果这种偏好是错误的，那么它只会做出更糟糕的决策。

3.2　首因效应——成为第一为何重要

什么是首因效应

谁是美国第一任总统？谁是第二任？人们始终只会记得第一位。试想一下，别人递给你一堆文档，你拿起最上面的那一份放在正确的地方。随着文档接踵而来，你还没来得及看上一眼，后面的文档越积越多。最有可能的情形是，开头的几份文档你会放置稳妥，之后的一些会随意归类甚至遗失。这正好可以与人的大脑处理信息的情形来类比。在任何系列排序中，开始出现的信息会比中间的更容易被记住。你在记歌词时也是如此：

火箭在空中耀眼夺目，四处的爆炸声隆隆，

这夜里最好的证明，我们的旗帜仍高高飘扬。

这首歌是不是很耳熟？如果你一时记不起来，那看看第一句歌词：

哦！说啊，你可以看到的，就在黎明早晨的光亮。

我猜大多数人都知道这首歌——《星条旗之歌》（The Star Spangled Banner）。这种情形对于诗歌与大多数歌曲尤其典型。当然通过对歌词的记忆，我们可以知晓如何应对首因效应的线索。例如，合唱部分大都会运用重复与短句来加深记忆，最容易记与朗朗上口的，也是那些简短而且模式固定的歌曲（可以看看披头士的大多数歌）。

有时，我们并不希望所写的每一个字都被记住。这与房地产的地段是一个道理，房地产行业有黄金地段（文档首尾、标题、强调框）与冷门地段（正文的中段及 3/4 的位置）之分。要确保最重要的观点处于文章的黄金地段，这样读者的记忆才会更深刻。而那些并不需要读者记住的内容，放置在文章的中后段就可以了。

人类大脑对于最早的信息不仅印象更深刻，而且在决策中也会赋予它们更大的权重。在执行对比决策程序时，大脑需要一个起始点。所以最先呈现的信息最可能被作为参照数据存储，即被记忆成"标准"数据。如果你可以尽早提出说服性观点，那么随后出现的相悖信息就不会奏效了。

灵活运用"先入为主"

内容摘要是最常见的先入为主的例子，它提前告知读者文章的重要内容，这样他们的印象会更深刻，并且也会更容易相信你的观点。同样的原理也可以运用于清单列表与排序序列中。文档或者序列的 3/4 的内容，都充满着有争议又无聊的观点，这些你不想要读者记住的信息，统统都放到不容易被注意的地方。

3.3 可利用性法则

什么是可利用性法则

假设你身处位于约 3000 米高空的狭小机舱内，马上要进行第一次高空双人跳伞。舱门一打开，你的双腿与倒数声一起在颤抖，你会不停地提醒自己跳伞是如何安全，如果这项运动危险的话，教练也不会每天数十次地纵身跃下。尽管如此，你的大脑里会充斥着一个念头："降落真可怕"。这么长距离的降落过程更是糟透了。这时，降落的恐惧感比安全统计数据被更有利地运用，它将主导你的所有思维，这种现象被称作"可利用的误区"。

可利用性法则有多种展现形式，先入为主与近因效应都是典型例子。比如，最先或是最近看到的信息最有可能主导你的思维，骇人听闻与出乎意料的信息也有相同的效果。在上面的例子中，如果在你前面那个跳伞的人出现了降落伞打开故障，你还会跟着跳下去吗？这个意外不仅刚刚发生，而且可怕至极，正是可以马上利用的信息，尽管这在统计学上与你的安全系数并没有直接关联。

我们的个人经验往往比统计数据或者他人的经验要更容易被利用。也就是说，这些信息的优先级会高于其他的可信证据。

运用可利用性法则

最为有效的运用方式是让观点被读者充分接受与利用。这可以通过以下手段达成:

1. **充分展示**。使用粗体、言简意赅的标题和强调框(框中的关键信息可以更突出地展示给读者)。重复信息、概括小结与简洁的写作风格,都能增强信息的可利用性。

2. **出其不意**。运用出乎意料与冲击力强的信息来盖过理性决策过程。健康与安全教育方面的电影正是靠出其不意的策略来传达主旨的。一般来说,观众都不太愿意做令自己不方便的事,除非做这些事的结果对他们来说简单且有用。

3. **读者体验**。个人的体验经常是现成可用的信息。因此,如果对读者充分了解,可以运用他们的经历来强化你的观点。如果你对读者一无所知,就运用普世的经验来进行推测。比如,很多人都有过关于在海边的愉快回忆,如果你要在 Milton Keynes 建造一座休闲泳池,你可以通过将海边的美好记忆与建造泳池带来的益处关联起来,进一步强化申请文档的说服力。毕竟,谁会剥夺 Milton Keynes 的居民拥有这些美好体验的权利呢?

4. **传闻逸事**。即使无法将个人体验与传达的信息进行有效连接,读者也会认为别人的经历比统计数据更有相关性。即使数据与之冲突,一个好故事也会比数据更容易被人记住与回想,这样利用性也会更强。假如你从事防盗器安装工作，最新的官方报告中显示今年的入室盗窃率下降了 20%，如果要对数据进行反驳，你需要让读者体会到入室盗窃的威胁，这些相关信息会更可利用。这时，通过转述当地发生的犯罪案传闻，特别是提及年龄或阶层相仿的受害者的信息（读者可以更快与之关联），就能轻松达到效果。如果是暴力犯罪（当然这有点骇人听闻），这些传闻逸事就更容易被读者所利用。

3.4　一致性以及为什么我们拒绝转变观念

什么是一致性

将一系列相互影响的心理因素归结于一点：我们讨厌犯错。首先，这会导致认知失调。人类很难同时容纳两个或两个以上的冲突观念。如此一来，如果新生事物会挑战已有观念，他们要么会选择摒弃固有观念，要么就调整新事物来适应旧观念，这被称为合理化过程。而人类对于一致性的渴望，会对改变长久以来一直保存的观念造成障碍。为了确保不挑战自己的信仰，我们会设法寻找证据来支持它们（确认偏差）。如果我们投入大量时间与金钱在上面，即使是糟糕的决定我们也会执迷不悟（沉没成本偏差）。总而言之，想要改变我们的观念，真需要花很大的功夫。

以上在阴谋论者身上最为显著。只要是与其理念相悖的证据，他们要么视而不见，要么断定证据是完全错误或经人操控的。一个人相信某个阴谋的时间越长，投入越多，转变观念的可能性就越小。这在日常生活或者商业领域也屡见不鲜。设想一下，管理层所推出的新产品业绩平平，糟糕的销售数据与坚信产品优异的理念互相冲突时，就会产生认知失调。整个思维过程与以下情形类似：

- 不能终止项目，我们已经为此投入了不少资金（沉没成本偏差）。
- 停止对该项目的投入，会让我看上去软弱而且优柔寡断（一致性）。
- 销售数据下滑可能是由 5 月的潮湿天气所导致的（合理化）。
- 销售数据比 1 月提升了 20%（确认偏差）。

有时你会思考，为什么人们面对大量的反面证据依然会固执己见。这是因为如果你能找到方法来确认已存在的理念的话，大脑会给予奖赏。即使面对证据需要扭曲正常的逻辑，结果也是一样。因此，你很难去说服固执的人。

另一种可能性是，大脑进化到避免认知失调只是为了将事情顺利完成。在早期人类的发展历程中，快速决策是生存的必要（例如是开战还是逃跑）。当然，对选项进行反复斟酌也同样关键。

同时，这可以理解为一旦决策失误，带来的后果会非常严重，甚至可能性命攸关。因此，坚持已有的信念是顺理成章的选择。从这一点来说，尽管现在我们的生活方式已经大不相同，但对一致性的渴求却从未改变。

运用一致性

作者可以创造认知失调，或者强化合理性。前者一般更难运用。让我们回到前文所说的新产品的例子。你需要向管理层撰写一封建议书来取消新产品线，在充分理解以上决策所存在的所有偏差后，我们已经完全明白了管理层目前在想什么：

- 不愿意犯错。
- 不希望被人告知自己错了。
- 只会选择性地记住对产品有利的相关数据。
- 不想看到任何书面的反对意见。
- 不愿觉得自己浪费了时间与金钱。

你可以针对以上反对意见，有效地进行逐一反驳，从而将管理层的认知失调降至最低。具体可以从以下几方面着手：

- 这并非管理层当时的判断失误，只是外部环境发生了剧变。
- 你是在指出当下状况，而非错误。
- 预测数据可能被误读的方式，并提出不同的观点与看法来反驳这一点。
- 在陈述事态变化之前，通过展示乐观的历史数据来让他们觉得过去的选择并没有错。
- 展示如果下决心取消该产品线，能节省多少费用。

最重要的一点是，你要挑战的是现存的观念，而非持有观念的这些人。

能有效打破一致性的另一种方式是运用类比。例如，描述一个与此特征相类似的其他领域的决定（比如购买一套新的厨房设备）。在类比情况下，读者可能会做出正确的决定。特别是你告知他们两者的相似之处，他们大概率会改变原有的想法。这是因为你减少了对当前情况的狭隘关注，拓展至决策之外的领域，并对相似经验进行有效地对比。这些外部证据会比你重复已有观点更具说服力。当然，他们可能会通过类比做出一个不合逻辑的决定来消除认知失调，在这种情况下，我建议你立即尝试给他们推销一套新的厨房设备。

当然，即使这条产品线看上去岌岌可危，你可能也会支持将它保留。在这种情况下，你要确保整个报告传递给管理层的是正面积极的信息，并将复杂的分析部分放置到附录中去。充分展示目前已经投入的资金，而非关停所避免的损失。同时，将已准备好的合理化证据摆出来，以达到你预想的效果。

深入理解认知失调所带来的种种问题，你才可以按这个思路来构思自己的语言。当然，了解你的读者仍然是关键。例如，对固执的读者采取进攻策略，只会让他们对已有的观念更加坚持。

3.5 理由与证据

什么是理由与证据

为了做出合理决策，我们需要充分的证据。你可以通过摆事实来让读者自行决定，但更为常见（风险也更小）的做法是提出一套行动方案，再来解释为什么应该这样做。我们不喜欢做出非理性的决定，因为以自己对现在与未来的判断，这会引发许多问题。所以，我们常常思考为何做出选择，这被称为"因为"的力量。事实上，即使"因为"不怎么合理，也常常会奏效。艾伦·兰格对复印机前插队的现象进行了一项实验，结果令人惊诧。只要你能合理地解释原因（例如，我很急），或你毫无理由（例如，我想复印），大家基本上都会让你插队。

每个人都想做出理性决策（至少是自己认为合理的决策），大脑会对这样的结果欣然接受。如果有正当理由，但没有时间阐述理由的有效性，大脑也不会主动去寻找更多的支持证据。实际上，大脑反而会认为决策合理并为其搜寻证据（参见前面的"一致性"）。因此我们的大多数决策最终都被证明是正确的，大脑的这项技能加速了我们的决策过程，让我们有效完成日常的各项任务。

如同在本章介绍部分所述，人类的决策过程主要依靠对比来完成。如果没有参照点，事实会变得毫无用处。例如，你知道某件物品的价值是 50 英镑，这并不能得出其明确的价值证据。我们需要将它与类似产品或者最初的收益进行比较，来作为决策的参考依据。有趣的是，我们一般会根据比例来做出选择，即使净收益完全一样，在不同情形下做出的选择可能迥然相异。例如，如果多开 10 千米的路程去买 10 英镑的物品，能获得 5 英镑的折扣，我想多数人都会愿意去做。但是，如果这个物品的价格是 100 英镑，同样也是 5 英镑的折扣，估计大家都不肯多走一步路。其实两者的结果一致：都是省 5 英镑。即使没有更好的选择，在第二种情形下，多走 10 千米所获得的利益显得微不足道。

运用理由与证据

理由可以用于"掩盖"坏消息，特别是当与证实偏差结合在一起时。例如，在汇报销售数据时，你可以这样解释：

"部门1超额完成任务的20%，部门2差20%完成目标，部门3刚刚达标。"

以上会引发读者的困惑：为什么部门2没有完成目标任务呢？这时，你可以换一种说法：

"部门1超额完成任务的20%，部门2因为市场出现的某些不利因素稍低于预期目标，部门3顺利达成目标。"

这样一来，不仅给出了"因为"，而且隐藏了与坏消息相关的百分比，使整个销售数据听上去更为顺耳。通常这类文档的目标读者都不愿听到坏消息，只要有个合理的解释，就都说得过去了。

我们也可以使用百分比来挑选与同行进行比较的数据。例如，一个部门的销售收入增长了200万英镑，而你的部门只增长了150万英镑，但如果你的部门增长的百分比较高，你仍然会被认为比对方业绩更优秀。

3.6　简单法则

什么是简单法则

生活得简单些不好吗？与大多数动物一样，我们被驱使着去寻求安逸的生活。试想一下，要你在一份烤得正好的鹿排与自己去猎鹿之间进行选择，你肯定不会想自己带上弓弩去里奇蒙公园（Richmond Park）打猎吧。当事情变得越复杂，我们会越渴望得到简单的解决方案。要节食与锻炼才能保持身材？不，我宁愿吃两粒减肥药。这充分解释了为什么大家会忽略常识，而相信尼日利亚邮件骗局（没听过这个骗局的话可以与我联系，只要你能帮我把 100 万英镑转移出去，我给你 10% 的分成）。

当然，在商业领域中的情形也大同小异。每年有数以万计的教你怎样快速致富的书籍热销。商业类图书是很好的例子，你可以参考以下畅销书的宣传语所传递的信息：

- 《每周工作 4 小时》（Timothy Ferriss 著）——"遵循这些原则，你可以过上与我一样的梦想生活"。
- 《从优秀到卓越》（Jim Collins 著）——"想获得商业上的成功，只需要按这些简单的法则行动即可"。
- 《蓝海战略》（W. Chan Kim 和 Reene Mauborgne 著）——"利用这个简单的过程会让竞争变得无关紧要"。
- 《高效能人士的七个习惯》（Stephen R. Covey 著）——

"培养这些习惯，你会变得非常高效"。

毋庸置疑，以上都是非常好的建议。但世界上为什么没有那么多按图索骥就能成就自我的百万富翁呢？因为书里面的致富之路看上去太简单：买下它们，仔细研读，财富就会滚滚而来。在现实中，你需要将书里的观点与自身的努力有效结合，并加以实践，而不是坐等时来运转。人类的大脑都渴望寻找捷径。我们也说服自己在最新的畅销书中一定藏着某种成功的秘诀。然而，即使翻遍所有的书，你可能也无法如愿以偿。

当然，我们都很清楚自己为什么进化到这个阶段。花费额外的精力达成目标并不可取，随时随地寻找捷径可能会更有效。当我们孤注一掷想找到快速成功的方法时，恰恰最容易摔跟头。人类的祖先不像我们现在这样要应对各种复杂的骗局与陷阱，但如果他们发现了捷径，可能真值得试一试。在现代商业社会中，骗局无处不在，随时随地有可能发生。如果你一门心思相信快速致富的方法，最终可能会一无所获。

运用简单法则

假如只要付出很小的代价就能有所回报，读者一定会对你信赖有加。这种代价可能是财务上的投入，也可能是个人时间与精力的付出。如果它能让读者少花点心思，或者提供个人利益不是商业利益，那么这种效果会愈发明显。

我手上的一个项目中许多小型企业会支付研究机构资金，以协助自己获得商业成功。这个想法有些天真，所以确实很难达到效果。尽管如此，这些小公司会想当然地乐观估计自己的成功概率，会花很多时间精力来找到"捷径"。在一些体量更小的计划中，我甚至看到一些公司在这上面的花费，远远超过了他们所申请的拨款金额（沉没成本偏差也是因素之一）。

简单法则在具有长期结果的短期关系中应用效果最好。例如，图书销售、自助研讨会、商业策略建议与培训。在为复杂或者乏味的消费者问题提供解决方案时，比如财务管理、家政与长期维护保养等事务，简洁性法则也很有效。因为结果的长期性，读者不得不相信最终一定存在好处，只要这种利益足够诱人，他们就会说服自己去相信你，即使困难重重，你也一定会帮他们达成目标。

请记住，这不仅是一种吸引人的方式，更是一个解决问题的神奇妙方。

3.7 得与失——群鸟在林不如一鸟在手

什么是得与失

大家都想拥有而非失去，这是人之常情。这也是为什么贪婪与嫉妒能有这么大的情绪影响力，往往会导致一些非理性的行为。

首先，我们都倾向于高估自己所拥有的。特别是在认为他人可能想要得到它的时候。相较于失去更多收获机会而言，我们更害怕失去已有的东西。赌博就是一个典型的例子。尽管在英国每年有 68% 的人会参与各种形式的赌博行为（根据 2007 年英国博彩委员会提供的数据），但在这当中，中等或高风险的赌徒（那些更看重潜在收益而忽略潜在风险的人）仅占 2%。从进化的角度来说这是有意义的，承担不必要的风险，会降低你的生存概率。

同样的原则也适用于"得到"。人们倾向于选择眼前的微小回报，而不愿选择更大的利益。这就是赠品能如此成功的原因——你选择即时获得，而不愿等待一段时间后获得更好的产品所带来的好处。研究表明，如果在时间上有很大的差异，人们会选择现成的更小的回报，而不是更慢更久的回报。例如，选择今天拿到手 10 英镑，还是一周后到手 20 英镑？人们通常会选择前者。如果时间差异变小的话，人们可能会选择较后拿到较大的金额（比如 7 个月后拿到 110 英镑与 6 个月后拿到 100 英镑）。后一种效应显示了大脑对比率决策偏好的影响。脑部扫描显示，得与失的选择，是由于大脑理性部分与感性部分之间的冲突。如果感性因素获胜，你就会选择更快更少的回报。

这个心理过程也体现了人类的另一种生存本能。你现在能有东西果腹，比承诺将来得到更多食物的风险要小。因为，你无法保证未来一定能获得更多的回报。

当然，这并非说长远利益一定不如短期回报。信用卡就同时利用了我们对短期获得的渴望，以及我们对于长期成本无法衡量这两个特点。

在做出购买某物的决定时，类似的潜意识会起作用。如果大脑看到想要的东西，会刺激多巴胺的分泌，这是一种与得到密切相关的化学物质。如果大脑接着看到相关成本，就会抑制多巴胺的分泌来降低愉悦感。有趣的是，以上心理变化完全是潜意识中的，但却能左右你理性意识中的决策。因为大脑喜欢愉悦感，有时会做出非理性的决策以获得多巴胺分泌带来的快感。举个例子，回想一下你在购物时添加了多少并不需要的东西，难道是因为"不得不买"？当大脑看到如此多的选择时会感到厌烦，从而会一直坚持提示你通过购买行为来取悦它。

确实，每一次购买行为之后，你都得想好如何面对自责与后悔的感觉。这是多巴胺分泌从峰值下降后对决策产生怀疑的后果。无需担心，你很快会将购买行为合理化，回到让自己舒服的状态中。

运用得失心理

即使未来潜在的回报非常大，人们还是会尽量规避损失。因此，不要让你的读者去赌博，想必大多数人也不会这样做。如果你不得不如此，就必须尽量降低成本，提升收益。相反，你可以通过强调潜在的损失来预防风险，给出建议让读者自行衡量。人们都不喜欢被告知应该或不应该做某事，尤其是在存在风险的情况下。

如果你需要说服某人等待长期的回报，首先得考虑是否存在短期的替代方案，因为这有可能比你的长期提议具有天然的优势。假如你能提供短期激励，成功的概率就会大幅提升。

再以购物决策为例，你需要激活大脑"收益"（愉悦感）部分的预期，同时不能过度刺激"成本"（痛苦）部分。如果某件商品看上去确实物超所值，那么做出购买决定所带来的痛苦就会降低，决策就会更加容易。要记住，这是在任何理性分析介入之前的潜意识反应。如果你可以让成本看起来很低，即使事实并非如此，潜意识的大脑就会上蹿下跳，像一个被宠坏的孩子一样要求买个礼物。而有意识的大脑像被惹烦了的父母，会不假思索地做出购买的决定，这时潜意识就得逞了，你也成功地说服了购物者。

3.8 外部影响——跟随主流

什么是外部影响

大脑在没有亲身经验时会如何决策？其实很简单：依靠他人的经验，这会以社会认同的方式来体现。

你所信任的人给出的建议一般是最有效的，推荐信和引例的说服力就特别强。比如，当决定公司内部谁该获奖时，来自顾客的一封赞誉有加的表扬信会比自我陈述有用得多。个人声望的效果也同样明显——你可以利用读者信赖的人所具有的个人声望。社会认同会以引例、支持和范例分析等各种形式来达到效果。

社会认同如此有效，主要是以下因素所致：

- **证据**：如果你未亲身经历某事，你会依赖别人来替你体验并反馈结果。
- **经验**：你会对自己信任的人的意见深信不疑，这样你做出的决定会更加正确。
- **从众**：大多数人都不希望与众不同，所以会跟随大多数人的选择。

- **志向**：如果你景仰的人推荐了某样东西，你会毫不犹豫地听取他的推荐，因为你希望与自己的偶像一样。明星代言就很好地利用了这一点。

有时候，社会认同被严重滥用。比如剧院偶尔会对评论家的剧评断章取义，以此扩大自身的影响，但被误导的观众就会心生失望。一个典型的例子是 2009 年温德姆剧院（Wyndham Theatre）在《肖申克的救赎》（*The Shawshank Redemption*）一剧的宣传中，引用了以下剧评：

"一部扣人心弦、令人振奋的巨作!"

其实评论家的剧评原文如下：

"1994 年的同名电影……是一部扣人心弦、令人振奋的监狱题材巨作，它展现了希望与友谊的力量……无论从何种角度而言，这部舞台剧都无法与电影比肩。"

——查尔斯·斯宾塞（Charles Spenser）

《每日电讯报》

如果不仔细对照，大多数人都会认为这是来自知名评论家的褒奖之辞。在许多情形下，这种社会认同足以说服消费者做出购买决策。

社会认同不一定要真正拥有经验的第三方来提出建议。如果你能让读者设身处地地处于类似情形中，并让他们了解别人的视角后，他们会对这种处境完全理解，并基于这种理解来做决定。这种感同身受的认同效果出奇地明显，很多时候人们会觉得这就是自身的经验在起作用。

运用外部影响

本书就是很好的范例。我预计封底会出现一些赞誉有加的推荐词。以下是我希望见到的内容：

"对于商业写作中具有说服力的各个关键要素都做了出色的总结。"（Dr Alan McNamara，NHS Innovations）

"这本书易于阅读、理解与灵活运用，是我们每个员工的必备图书。"（James Hall，CEO，Pera International）

这些热情洋溢的推荐词一定会得到大众的认可，赞誉的说服力很强，因为它们出自知识渊博且值得信任的人之口。

然而，当你无法找到高质量的社会认同证据时，你可以转而运用经验预期来提升文字的可信度。在上述例子中，第一则推荐词来自我的朋友，第二则来自我所就职的公司的 CEO。如果没有找到学界名人进行推荐，我会根据推荐人的职位来创建值得信赖的形象。所以最终你看到的是分别来自跨国公司的"博士"与"CEO"的推荐词。我希望这也能达到同样的预期效果。不过，在告诉大家这个诀窍后，接下来我就不会在本书中重复使用了。

你也可以使用数字的力量激发人们遵从的意愿。典型的广告范例如下：

"参与调查的 80% 的受众说他们会向身边的朋友推荐Gleemax。"

社会认同甚至能以相互关联的方式来创建。引用受到读者景仰的人士对你的主题做出评论，即便并非有针对性地对产品与服务发表评价，这仍然具有说服力。因为读者会尽量避免与自己偶像所持的观点产生冲突。举个例子，如果我想为公司进行融资，我将会在文档中引入以下内容：

"今天，就是对目前最有前景的科技公司进行投资的绝佳时机。"

——Lord Drayson，英国科学与创新部长

以上可以明显地看出，文中并非特指我们公司，因为对公司的投资有可能会失败。但是部长的鼎鼎大名与高度相关的言论，无疑提升了我们公司融资的可信度。

3.9　重复、重复、重复

"我们要在海上作战，我们要在陆地上作战，我们要在田野与街巷作战，我们要在丘陵作战，我们决不投降。"

——温斯顿·丘吉尔（Winston Churchill）

善于运用"重复"，可以反复强调与重申你的观点。如果可能，用多种形式进行重复的效果更佳。大脑经历的重复次数越多，就越有可能回忆起它，并认为它是正确的。更重要的是，温斯顿·丘吉尔就是这样重复说的，那这方法一定是有效的。

3.10 锚定——在茫然中如何决策

什么是锚定

必须承认，我到目前还没尝试过这项技巧。不过我对它饶有兴趣，所以很有必要在这里提一下。大脑会根据为之着迷的某些信息做出决策，不论这些信息是否具有相关性，这被称为锚定效应。一系列实验表明，我们对于一件事情是高估还是低估，通常取决于存在同一个讨论/文档中的其他数字的大小。以下这个例子就很典型：

"日立4系电视机，待机功率小于1瓦。带两侧8声道扬声器，提供7天节目预告，重量仅有18千克。价格优惠33%，现在你只需399.99英镑就能买到。"

"日立42英寸、1080p全高清电视机，屏幕亮度500坎德拉每平方米，178°可视角，1060毫米可视屏幕。原价600英镑，现在仅需399.99英镑。"

锚定效应会让人们认为第二则广告提供的条件更加优惠。因为读者面对的是一系列大数字，而最终的价格与这些数字比起来显得相对较小。第一则广告中列出的数字比最终的价格都要小，相比之下会显得价格偏高。

虽然价格与之前的数字毫不相关，但它们仍然会潜意识地影响我们的决策。因为大脑为了做出有依据的决策，会一直不停地搜寻与比较数据，当无法找到真实可用的数据时，大脑就会定位在那些不相关但随手可及的数据上。

运用锚定效应

让我们从上述例子开始。假设你必须展示一个让人无法企及的高价格（数据），在这之前你要确保展示一连串更大的数字，反之亦然。例如，如果要提出一个令人沮丧的调研反馈数据，假设只有 50% 的赞同率，在这之前就要出现一个更低的数据、结果，即使它们与任何决策都无关。

3.11 光环效应

什么是光环效应

人们都喜欢过稳定一致且简单的生活。要对个性复杂的事物进行简化，是通过"光环效应"来实现的。如果一个组织或者个人具有强烈的正面（或负面）的个性特征，我们就会假设这是他们的整体本质的代表。在这里，我避免提及具体的姓名，但许多备受粉丝喜爱的知名艺人，同时兼具酗酒滋事、性骚扰或种族歧视与吸毒等恶习。这些事情放在一般人身上很难被洗刷干净，而且可能会成为其个人特征的标签。但如果某人具有一个非常正面的特征，比如在音乐表演上天赋异禀，这就很容易将其他特征掩盖。

名人就是光环效应的具体表现。一个人只要有名气，大家就会认定他是一个"好人"。这可以与前面所述的"社会认同"相关联，尽管他们的意见可能并不重要，但名人代言的效果确实很显著。

相同道理在商业与人际交往中也同样适用。近年来有一家以生产高端吐司机而知名的厂商，推出了一系列热水壶产品线。虽然他们之前没有生产水壶的经验，但凭着吐司机打开的市场美誉度，你会默认他们的新产品线也同样优秀。事实上，网上对他们生产的热水壶差评如潮。

光环效应的反向效果也很明显（通常被称为尖角效应）。如果某人相貌丑陋，一般会被认为是坏人或者蠢货（如同你在儿童读物里找不到一个又聪明又迷人的反面人物一样）。如果一家公司的网站与宣传材料做得很差劲，大家就会认为它们的产品同样糟糕。试想一下，如果前面提到的公司先推出热水壶产品，然后再向市场宣传自己的吐司机，估计没有人会购买他们的产品。我们很难接受"坏"的事物存在好的一面，这样整件事情会变得很复杂。如果只是将其整体打上一个标签，就会简单许多。

运用光环效应

显然，你可以直接运用光环效应——如果你拥有许多优秀的特质，即使它们与现在所提及的事情无关，你也要确保读者能随时随地将它们与你联想起来。

运用这一效应最简单的方法之一就是展现效果。如果某样东西看上去不错，那么大家就会认为它是好的。为什么超市都会找那些又大又圆的西红柿摆在货架上呢？这不仅仅是为了好看，而是因为消费者认为"卖相好"意味着"更好吃"。本书第9章会详述如何让你的文档看上去更为美观。

在竞争环境下，你需要摘掉对手的光环，摆脱自己的尖角。说到竞争对手，你可以在不指名道姓的情况下指出他们的弱点。让消费者在被光环效应与其他偏见所动摇之前，在心理上拒绝从这样的公司进行采购。你甚至可以通过认可对手的声望，来突出读者的感知与现实情况之间的差距（比如，"出乎意料的是，这竟然出自业内所谓的'专家'Acecorp公司"）。你也可以用同样的方法摆脱自己的尖角。在读者知道这是你之前，让他们先认可你提供的产品或服务。在那之后，他们的认知偏见就会开始对你有利。

壳牌石油公司在一系列电视广告中就采用了以上方法。广告大部分内容都是展示环保人士在履行使命，到最后才揭晓他们是在为壳牌石油公司服务。在"壳牌"被提及之前，观众根本不会质疑广告中的人物和他们在从事的事业。一旦广告主角建立起高大的形象，就能有效地消除石油公司身上具有负面效应的"尖角"。

3.12　近因效应——此时此地

什么是近因效应

我们以"先入为主"作为本章的开头。不出意料，我会以"近因效应"作为结束。近因效应指出，你最可能记住的是你最后听到或者看到的内容。这符合逻辑，因为这些都是你脑子里存在的最新信息。然而，近因效应也偏爱经验，我们倾向于将最后一个选项认定为最佳选项。这可以称为"高潮效应"（这是我创造的词，看上去确实如此）。这是一个鸡与蛋的关系——究竟是这种效应的存在决定了最终选择，还是信息的呈现方式产生了这种效果？其实无所谓，重要的是读者最可能的选择是你最后展示的选项。这在三选一时很奏效。在快速决定时三个选项显得差不太多，如果有四个以上的选择，反而会引发更多的思考。

说句题外话，三选一还有一些其他有趣的效果。假设现在有三个选项，前两个同样吸引人，第三个与第一个类似但稍微差一点，那么，人们会倾向于选择第一个而不是第二个。不论如何排序，选择的结果还是相同。

比如，你现在向老板汇报两家供应商的情况，分别是Acecorp 和 Zulu。你希望 Zulu 中标，而两家给出的条件大同小异。但如果你列出 Zulu 两种报价的选项，其中一项是明显不合理的报价，这时你的老板会放弃 Acecorp，选择 Zulu 另外那个更好的报价选项。具体情形如下：

- Zulu1：每 2 吨 1000 英镑

- Acecorp：每 2.2 吨 1000 英镑

- Zulu2：每 2.4 吨 1400 英镑

三选一种还存在其他奇怪的现象，如果你将一个从未听说过的选项与一个人们熟知的选项放在一起，人们会同时相信两者都是真的。这是关联所产生的效果。例如，顾客知道你是英国最大的供应商，你可以将其他两个难以置信的选项与这个内容捆绑，从而加强后面选项的可信度。

运用近因效应

这其实很简单，想要别人记住某件事，就保证他们最后听到或者看到这件事。如果不想被人记住，就别把这些内容放到最后（或者是最开头的地方）。

3.13　读者永远是对的

写作要面对的一个残酷事实是，读者永远是对的。即使他们做出了与你预期不一致的决定，这也是你的错，与读者无关。

过去我不善于面对这种情形。当你代表一群小公司申请100万欧元的拨款资助时，如果申请遭拒你会苦恼万分。你怒斥着评审人，说他们有眼无珠，没有好好审读你的申请书，无法理解你的项目内涵。这样做的话，你永远无法理解你失败的原因：他们的所有决定都是基于你的写作内容所做出的。

你可以将说服性写作当作一场游戏，有赢有输，这很正常。在游戏中，你不会去怪罪那些打败你的对手（他们怎么会比我好，这不公平！）。这个道理用在说服性写作中也一样。读者只会对你提供的信息进行加工，即使他们原有的观点与你相左，你仍有机会说服他们。不过如果失败了，你也很难去责怪他们。

只有了解读者决策的过程，你才能更好地去说服他们做出预期的决定，从而赢得这场游戏。

规则6：读者永远是对的。

3.14　小结

先入为主——人们根据第一印象形成观点，并对较早的信息记得更为清楚。

可用性原则——更容易记起来的信息，对决策的影响力越大。

致性原则——人们一旦下定决心，就很难改变。这是由于：

- 沉没成本偏差——实际的损失要比潜在的损失更让人难以接受。

- 合理化——大脑会鼓励你将证据进行扭曲加工，以符合现有的观点。

- 证实倾向——你只会寻找与自己观点一致的证据。

- 社会压力——一致性会被认为更强更有力。

理由与证据——人们喜欢了解原因，即使"因为"并不特别可信。当做决定的时候，按比例比较会比精确的比较更为容易。

简单法则——人们不断地寻求简单的生活，并说服自己可能有一条通往成功的捷径。

得与失——我们会过分看重自己所拥有的。如果要做出快速决定，我们会选择更小、更快的回报。我们不擅长将短期的"获得"与长期的"成本"联系起来。我们的大脑会粗略地进行潜意识的成本与收益分析。

外部影响——人们在决策时会寻求外部帮助，这时也最容易受到经验、从众心理与志向等因素的共同影响。

重复——找寻不同的表达方式来重申同一个观点。

锚定——在没有更好的选择时，大脑会使用最近获取的数据进行对比。

光环效应/尖角效应——如果你的某个优秀品质广为人知，大家会假设你在其他方面也一样出色，反之亦然。

近因效应——人们对最后读到的信息印象更为深刻，三选一时最有可能选择最后一个选项。

第 4 章

广告时间：商业口号

在商业广告中，展现说服性技巧的例子比比皆是。尤其是商业口号，简直是集中体现的说服力精华。可以看看以下例子：

"可能是世界上最好的啤酒"——嘉士伯啤酒

"你值得拥有"——欧莱雅

"写在罐上的承诺都能达成"——朗秀漆

"健力士，对您有益"——健力士啤酒

"独立报，报如其名。你呢？"——《独立报》

以上这些广为人知的商业宣传口号，的确让人印象深刻。他们也采取了多种技巧来向公众传达信息。嘉士伯说它是最好的，朗秀漆表示承诺必达，《独立报》让读者感觉自己属于少数能独立思考的聪明人。

实际上，多数商业口号都可以归纳为以下七个类别：

- **一流**：这是最好的产品。
- **承诺必达**：产品具备所承诺的功效。
- **生活方式**：产品会给你带来健康与幸福。
- **明智**：产品属于你这样明智的人。
- **挑战性**：产品会挑战你所有的预期和假设。
- **专属性**：如果你拥有这个产品，你就会跻身于精英阶层。
- **纪念意义**：你已经了解了这项产品，我们只是勾起了你的回忆。

除了商业口号之外，说服性技巧还广泛应用于商业广告中。如果你是广告从业者，你肯定对竞争对手的广告很熟悉，并且会细致地进行分析。假如你还没这样做，我强烈建议你去看看电视的插播广告，好好辨析一番他们运用的策略，看看能否将这些技巧加以改写，运用在你的文档中。下面是一些电视插播广告：

远不止是汽车保险——这则广告主要讲述了购买汽车保险时你能得到哪些免费好处。这是在利用我们渴望即时回报的心理——整体保险的价值可能不如其他保险，但当下付出的成本会显得更少。每次我购买汽车保险时，都会比较一下续保会省多少钱，这则广告正是迎合了这种心理。在同一个广告插播时段，一则 DFS 的沙发广告也运用了一样的技巧，在优惠折扣之上加上无息贷款来吸引顾客。这样的方式在竞争激烈且无差异化的产品市场中十分常见。

大众 Polo——大众汽车公司明白，在公众心目当中它们一直被视为车价昂贵的代表。在这一则广告中，大众汽车开始挑战固定的形象。整个广告都在展示 Polo 是如此的物超所值。这是试图打破读者存在的一致性预期：首先认可他们的观点，然后再展示转变的发生。

Waitrose 超市——Waitrose 超市所采用的是社交认同策略。他们邀请了英国名厨 Heston Blumanthal 在广告中露脸。作为家喻户晓的大厨，Heston 的观点备受尊崇，所以他的代言也会提升超市产品在顾客心目中的可信度。

你也可以在销售信件、慈善募捐信与平面广告中对上述方法加以练习。

最后，通过进一步分析广告及其效果会发现，许多说服性用词是通过激发读者正面与负面的情绪来达成效果的。下面的表格列举了一些可以触发读者正面与负面情感的词，在写作中可以适当选用：

正面的——能促成读者采取行动的词	负面的——让读者惧怕采取行动的词
新奇（更新的通常更好）——崭新的、探索、突破。	结果——灾难、不幸。
可靠——证实、确保、安全。	影响——损失、遭受、痛苦、挣扎。
生活方式——积极影响：健康、自由、简单。	生活方式——负面影响：健康、自由、事务。
贪婪——最好、免费、结果、节省、优惠。	个人关系（与读者直接沟通）——你、你们、你们的、要负责任。
个人关系（与读者直接沟通）——你、你们、你们的。	及时性（何时行动/预期）——现在、很快、行动、改变。
专属性——限量的、专供。	
及时性（何时行动/预期）——现在、马上。	

显然，要是过度使用这些词，会让你的文档看上去像电视购物频道的台词，而不是销售提案。所以不要试图在任何场合都用上它们：

"不必担心效果不佳给你带来的无穷烦恼。我们的突破性服务能确保你得到渴望已久的自由。选择我们专属限时的优惠方案，你会立刻梦想成真。"

当然，如果你真是在电视购物频道工作，用这样的口气来写也无妨。

第 5 章

简洁等于清晰

本章内容关注如何清晰地传递信息。在大多数情况下，只要保持简洁就能达成效果。

对于实用指导型的商业书而言，导语（第 1 章之前的所有文字）一般会有 6 页，而本书只有 2 页，为什么？我相信大多数读者在购买本书之前会浏览导语来了解整体写作风格。我不相信有人会如此评价："书里的内容满满都是干货，要是导语更长些就好了。"

简洁写作的定义

简洁写作是要以最有效的方式达到预期的读者反应。

注意：这并不意味着要删除所有的非关键词语，你不可能只是简单写下"请给我 10% 的折扣"就能说服供货商给你打折。

话虽如此，但许多时候简洁确实更有效。本章内容的主要结构如下：

- 减少术语
- 去掉大词
- 缩短句子长度
- 去掉铺垫
- 少用懒词
- 举例、比喻与类比

记住，如果运用某个规则会削弱作品的说服力，那就要毫不犹豫地打破这个规则。

5.1　满篇的行业术语

在商业场上，你经常会用到行业术语。行业术语的另一种表述是："特定的商业语言"。这并不是说术语不好。事实上，如果缺少了它们，许多时候我们甚至无法对所从事的一些事情正确地进行描述。但如果术语对表述真实的意思形成了障碍，这就是麻烦事了。

咨询业里行业术语泛滥是出了名的。请看以下内容：

"在经济日益全球化的今天，纯粹的价格竞争已无法成为一种可持续的商业战略，公司需要通过产品创新来打造业务差异化战略。"

这家咨询公司的客户是一些中小企业，可能从未听说过可持续的商业战略这个词，更别说业务差异化战略了。其实咨询公司真正想要表达的意思如下：

"随着经济日益全球化，价格竞争已经不是公司的唯一优势，公司应该通过创新来为产品与服务提供附加价值，通过增加新的产品特性与功能赢得新的竞争优势。"

两段文字的差别并不大，但这种差异很重要。你所运用的语言与对话的方式越接近，就越容易说服行业之外的人士。

规则 7：删除读者不认识的行业术语。

　　按照我们平时说话的方式来写作，就是减少行业术语运用频次的最好方式。如果你不知道如何讲给读者听，那为什么要写给他们看呢？

规则 8：除非是一些非常正式的情形，否则尽量采用谈话的方式来写作。

夸张的大词

　　与行业术语一样让人难以理解的，还有一些看上去很夸张的大词。就如同 Morgan Spurlock 不停地往自己嘴里塞超大的汉堡最后出现严重的健康问题一样。（如果还没看过电影《Super-size Me》，那你可以去看一场了。不过观影时可别吃汉堡。）你的读者对于文章中这些过长的词也会消化不良的。

　　我一直在与大词抗争。我对自己拥有的词汇量相当自信，在遣词造句中也时常想显摆一番。然而，并非人人都像我一样对词汇充满热情。假如我用"寻衅"（belligerent）代替了"好斗"（aggressive），那么我必须确定读者能明白两者之间的差别。如果他们不知所云，就会觉得我过于做作或是炫耀。如果你的读者无法理解你，说服他们就无从谈起。

5.2 缺少标点的长句子会让读者对你的内容失去兴趣或者很难提炼出作品的意义从而让说服力大打折扣

如果以上标题还不能说明问题，请看以下例子：

"预计欧洲每年有 1200 万人/天的人力资源浪费是由食品储存不当和餐馆的运输设备不洁而导致了细菌超标，从而引发了胃病。目前控制微生物生长的主要措施是冷链存储物流，不过这样的运输方式成本高昂也不太便捷且存在隐藏的风险，在食品解冻与重新冷冻过程中都存在危险以及在运输的交接过程中整个流程也不太完善。"

两个句子居然使用了 100 多个单词（指英文版原文）。当你每读完一句后，早已忘记前面一句说的是什么了。标点运用不当会影响整体意思的顺畅表达。

规则 9：不要写读者一口气读不完的长句子。

和所有的规则一样，在应用中也要给出界限与提示。标点的存在可以让读者在阅读中有所停顿。如果句子节奏较快，就需要放上更多的词。这里的一项经验法则是：每句话的平均单词量为 15~20 个。

规则 10：灵活掌握句子的长短变化。

注意上面提到的"平均"一词。如果句子长度完全一致，读者读起来会有催眠的效果，但这也许是你想要的结果。不过，在多数情况下，让你的读者昏昏欲睡不会是什么好事。本书遵循了这种风格（简短、有力、清晰），所以你读到的每一句话平均在 10 个单词左右。尽管如此，本段的句子包含的词量（指英文版原文）分别为 8、14、19、20、14 和 10。这样就让整体段落显得起伏有致，节奏分明。

关于句子的另一个规则是，每句只陈述一个要点。即使在简短的文档中，读者也很难记住多个要点。因此，你的句子长度也会同样变短。如果你发现一个长句中包含多个要点，那就尝试着将它们拆分一下。

规则 11：每个句子只包含一个要点。

现在，我们掌握了这一规则，再来重新审视一下上述胃病影响的例子：

"在欧洲，胃病每年大约会造成 1200 万人/天的人力资源流失。主要为食物储存不当、餐饮行业的设备清洗不彻底、食品加工中的程序处理不当导致的细菌滋生所引起。目前通过在储存与运输过程中使用冷链管理，微生物的数量得到了有效控制。但是，在这当中的解冻/重新冻结的处理使得成本更为高昂，也并不方便，隐藏风险较大。同时食品交接过程的不规范，也会加剧上述风险。"

上段句子的平均词量为 16 个，最短的句子 11 个单词，最长的 28 个（均指英文版原文）。经过稍加调整后这个段落的可读性更强了。当然，以上话题本身就有些难懂。

一个句子长度甚至可以少于 11 个单词。事实上，最短的句子可以由一个词构成。标点的有效运用可以让读者有机会在阅读中停顿、喘息与反思，而超短句的冲击力会迫使读者停下来，仔细消化与吸收这几个词的含义。请记住：简洁带来清晰。

5.3 写作者的营养餐——去掉铺垫的套话

如果像平时说话一样来写作，就会写出许多冗长多余的内容。这在口头交流与演讲时很常见，而一旦形成文字就会显得啰嗦了。相似的情形在你想显得非常正式时也会出现——真实的意思被淹没在空洞漫长的套话中。可以看看下面这段话：

"未来基金委员会仔细而谨慎地对总部办公室发来的最新信息进行评估。委员会认为整个团队发回了最初的融资指导意见，并不能完整体现委员会对于事件进展的关键意见。"

整段文字不怎么流畅优雅，我想你会有相同的看法。那么，我们该如何准确识别"套话"？以下技巧可能会对你有所帮助。

形容词和副词

> **规则 12**：删除形容词和副词。

　　形容词和副词分别用于修饰名词和动词（参见第 6 章的"语法复习"）。两者都在语言应用中发挥着重要作用，但过度使用会让文章显得枯燥无味。例如：

　　"我痛苦地慢慢分析了营销部门年轻热情的同事所撰写的又长又重又厚的文档。"

　　又长又闷，是不是？选择更为恰当的动词和名词，可以用更有活力的方式来表达相同的意思：

　　"我硬着头皮看完了营销部门那些热情的年轻人发给我的大部头文档。"

　　如果"大部头"这个词有些生僻的话，可以换另一个形容词"庞大"即可。

5.4　少用懒词

　　这听上去的确有些刺耳，但你的文章并非文字收容所。只有最合适、最有力、最杰出的词才能在反复编辑过程中生存下来。其余的词都要毫不犹豫地摒弃掉。

　　很不幸的是，关于这一点并没有快速且见效的规则，但是，下面这个例子可以帮助你发现懒词：

"我想强调的是，我是在 10 月 24 日才收到文档的。我想提醒你注意的是，合同中的相关条款明确指出必须不迟于 10 月 20 日提交。我衷心希望这种明显违背合同的情况不会再发生。"

好的，我们该如何对此改进呢？刚才说过这并无规则可循，尽管如此，我还是总结了一些指导性原则，请注意：

- 重复或冗长的短语。
- 让简单的事情听起来印象深刻。
- 华丽的细节。

注意：在文档中从头到尾重复重点是个不错的做法，只是要注意掌握节奏与间隔。

在以上例子中，"收到"一词重复使用，我们可以去掉其中一个。"合同"一词也出现了两次，需要引起注意。"必须不迟于……提交"听起来让人很紧张，可以去掉。"我想强调"与"我想提醒你注意"无疑可以归到华丽的细节这一类。

请记住：读者反应等同于最终结果。这段文字的目的明显是提醒对方并确保类似的问题不再发生。尽管如此，文档中没有提及如果问题再犯会有怎样的后果，所以需要补充这一点。如果我们真想达成效果，可以将以上文字做如下改写：

"文档已于 10 月 24 日收到，合同明确指出 10 月 20 日之前应当提交。如果以后再次出现提交延误的情形，我们会考虑更换合作伙伴。"

虽然以上文字的语气更为直接，但是这类表达责备的信件就应该直截了当。懒词去除后，意思表达更加到位了。

同样，我们在许多时候也需要打破规则才能更具有说服力。

一些看似多余的话实际上却能营造出有说服力的氛围。试想一下，如果广告中直接告诉你"买××牌肥皂，又便宜又好用"反而会令人生厌。广告之所以不会这样直白，其实从另一个方面说明了看上去没用的词其实具有存在的意义。你需要做的是仔细审读，确保每一个短语都是文章所需要的。

规则 13：删除任何无法产生说服效果的词。

5.5 举例、比喻和类比

在简洁性写作的主题中谈及举例与类比好像有些不合适。不过，请记住简洁写作的定义：

"简洁性写作是以最有效的方式获取正确的读者反应。"

本书中举了多个例子，是因为直接展示多余的文字比描述多余的文字要容易得多。在第 3 章中我们有提及，大脑是一个复杂的神经网络，通过关联事物来形成经验与模式，如果能将新吸收的信息与已有的模式做出对比，大脑就更容易消化与理解。

规则 14：运用举例和类比来加深读者的理解。

在商务写作中，最有效的对比方式有以下几种：

举例：我想在这不需要举个例子来说明"举例"吧？说实话，我也有点不确定……

比喻：用某一事物来描述另一件事物。例如，"他像 John Wayne 一样离开了"。这能快速唤起人们对他离开时的情形的想象。

隐喻：将某事说成是另一件事。这在文学作品中要用得比正式报告中多。在商业写作中我们也可以适当运用。比如在本书第 6 章中，动词被描述为"任何句子中的苦力工"。很明显，动词不是真正的苦力。不过，这比下面的说法要更加有力：动词在句子中负责动作，可以说是真正干活的词。

类比：和比喻类似，常用于展示两件事物之间的相似程度。通常来说，类比会比比喻有更多的细节描述，它提供的比较并不那么明显。例如，"他写作时就像一个蹩脚的飞刀手一样——即使标点能落在页内，也经常会出现在错误的地方，读起来真是痛苦万分。"

5.6　七步简洁写作法

当存在严格的页数或者字数限制时，你可以按七步简洁写作法的流程起草与编辑文档。一般的日常写作也可以运用。这是为申请政府的拨款而开发的一种写作方法，每一部分都有严格的字数限制，意味着"简洁第一"。尽管如此，文档必须具有说服性，毕竟整个申请过程竞争激烈。虽然并未囊括前面所述的各项技巧，但它包含的内容足以应付日常所需。

第一步　列出标题与观点

运用你最擅长的技巧进行构思（详见第 8 章），通过列出一系列标题来展示主要观点，每一部分内容都以项目符号的方式列出，确保每个条目表达的是最重要的观点。

第二步　讲述完整的故事

检查所列的项目符号列表，确保能从整体上讲述一个动人的故事。考虑一下，是否有更好的排序来阐述内容？是否遗漏了关键的逻辑步骤？

第三步　不断扩展

完成文档的初稿，尽可能在项目符号列表中添加词汇，组成完整的句子。随后添加的大部分内容应为支持证据，而不是给故事增加新的情节。

第四步　单独审查每个句子

- 真正想表达什么意思？是否会引起歧义？
- 是否真的需要这个句子？是否能为全文添彩？
- 句子里的内容是否表达了其他观点？如果有，是否可以将其删减或是独立成句？

第五步　通读每个小节

每一节的语句是否通顺流畅？是否需要增添新的内容加以

修饰？

第六步　完成文档的编辑

可以选用以下技巧：

- 概括——能否用一个词或短语取代一大堆相似的内容？留意"并且"这个词，有时候它是很多不必要内容的标志词。
- 删除不必要的术语——问问任何不懂行的天才，是否能读懂你文字的意思？
- 调整句子长度——尝试将每一句的词汇量控制在 20 个以内，并保持句子的长短节奏变化。

如果你还有时间：

- 删除不必要的形容词/副词。
- 删减重复内容——尤其是对于相同内容的反复描述。

第七步　通读与校对

通读全文，并大声朗读。然后反过来再读一遍，仔细搜寻拼写错误和语法错误。

本书附录 7 展示了一个运用七步法修订文档的完整案例。

5.7　小结

简洁写作意味着尽可能用最有效的方式达成说服效果。

- 删除不必要的行业术语与复杂词汇。
- 每个句子只保持一个要点，尽量控制句子长度并有长短变化。
- 避免使用任何没有说服力的词。
- 运用类比和举例使表达更精确简洁。

本章主要涵盖了"编辑"技巧。在掌握好这些技能之外，下一个最重要的环节是：明白何时停止编辑。商业文书只是一个工具。就好比如果你想钉钉子，那你首先需要一把锤子。但是你并不需要一把价格高昂、结构精致、带着激光雕花的锤子。在现有文档足以完成目标任务的时候，停止编辑工作。因为再继续编辑的话，你就是用激光在锤子上雕花，而不是在钉钉子了。

第6章

动词等于活力

动词是任何句子中的顶梁柱。没有动词，名词只能待在那无所事事，形容词可能会告诉你名词有多棒，但它也只能做个陪衬而已（实际上连陪衬都不一定做得了，因为"做陪衬"是个动词）。不过，一旦添加上动词，你的句子就会开始跳跃、舞蹈、歌唱，甚至在文章里漫天飞舞（或者仅仅是做个陪衬……）。

本章会关注以下内容：

- 词的名称——语法复习。
- 激活被动动词。

记住，如果运用某个规则会削弱作品的说服力，那就要毫不犹豫地打破这个规则。

6.1 语法复习

如果你只在文章纠错的时候才想起语法这回事，那以下这部分将对你非常关键。

我在开始写这部分内容时，发现涉及的语法知识点实在太多了。论述语法的书籍不胜枚举。事实上，我也尽力读完了其中大部分重要著作。在本书我想展示的是，说服性写作不能受过多规则限制。首先，我们从回顾基本的词性开始：

名词——指明人、物、地点或概念/感受的词。

例子：普朗教授、烛台、台球室、谋杀（谋杀既可以是名词又可以是动词："他是谋杀犯"是名词，"他谋杀了她"是动词。)

代词——代替名词的词，或与名词搭配以表达所有权的词。

例子：它、它们、他们、我的、他们的、我们的。

形容词——形容名词或代词的特征信息，回答"是什么类别""是哪一个""数量有多少"等问题。

例子：<u>热衷钻研的</u>普朗教授、<u>沉重的</u>烛台、<u>昏暗的</u>台球室、<u>残忍的</u>谋杀。

动词——用以描述一个动作或者状态。

例子：跑、跳、玩、跟随、追逐、射击、挖掘、打扰。

副词——从多方面增强动词的表现力，如程度、时间、地点、范围等具体信息。

例子：跑得飞快、跳得很近、明天比赛、紧紧跟随。

6.2　动词想玩得开心点

动词主要与行动和活力相关。选择正确的句子结构，你就能给动词增添更多的活力。反过来，动词也能给你的写作注入新的能量。在给出具体建议之前，我们先来回顾一下语法知识：

句子一般由主语、谓语和宾语构成。主语部分是与谓语相关的"人"或"物"。例如：

主语　谓语　　宾语

<u>珍妮</u>　<u>绊到了</u>　<u>桌子</u>。

动词（谓语）所修饰的执行动作的"人"或"物"称为施

动词。上述例子中，珍妮是主语也是施动词，也就是说，她既是被绊的人，也是执行"绊"这个动作的人。

当句子以"施动者+谓语+宾语"的结构运行时（如上例），我们可以称之为主动句。一般来说，主动句更容易读，因为读者都想知道：

谁对谁做了什么（大马哈鱼跳到了空中），

而不是：

什么事被谁所完成了（空中被大马哈鱼跳起）。

可以想象，光是大声读出后面这句话就觉得有多别扭了。

在第二个例子中，句子的主语（空中）不是施动词（施动者是大马哈鱼）。当句子的结构为"主语+施动者+谓语"时，我们将其称为被动句。

规则 15：尽可能使用主动句。

举例说明：

主语 施动词 谓语
<u>房子</u> 被 <u>装修工</u> <u>粉刷</u>了。

可以改写为：

装修工粉刷了房子。

主语 谓语
<u>报告</u>被准时<u>提交</u>了。

可以改写为：

我们准时提交了报告。

有时，被动句也很有用，因此上述规则也会有例外。以下所列的情形适用于被动句：

- 需要强调宾语时（"大火被一群年轻人点燃了。"）。
- 无法定位主语（"有人昨天被谋杀了。"）。
- 不愿让主语承担责任（"所有员工都被要求加班。"）。
- 对写作风格提出了明确要求（比如学术论文）。

即便如此，如果在你的写作中并未出现上述情形，还是尽量激发动词的活力，它们只想玩得开心一点，来寻找自己的乐趣。

6.3 小结

- 动词可以赋予作品生命，尽量多使用动词。
- "施动词+谓语+宾语"的句子就是主动句。
- "主语+施动词+谓语"的句子就是被动句。
- 优先考虑使用主动句，除非你很确定在此处不宜使用主动句。
- 记住：每种写作方法都有它的用处。多数情形下，正确运用语法可以让文字表达更清晰明确，并让读者感到更舒适。但如果能增强作品的说服力，你也可以大胆打破这一规则。

第 7 章

错　　误

搞砸事情最坏的方式莫过于犯低级错误了。举个例子，我最近收到了一份个人履历，里面竟然出现了 EDUCAION 这样的标题（文字处理软件通常会忽略对大写单词的拼写检查，因此需要特别注意。"教育"一词的正确拼写应该是 EDUCATION）。这个例子充分说明了犯低级错误的严重性。另一位应聘者将"善于关注细节"与"语言能力突出"列为自己的个人特长，但其履历却错误百出。如果你求职失利，那很有可能在递交申请之前就注定了。不过，我相信在本章之前，应该有不少错误已经出现了。

需要引起关注的错误有：

- 用词错误。
- 标点使用错误或者标点缺失。
- 拼写错误。

7.1 用词错误

请看下图中的摘录。

乍一看，这段文字并没什么错误。文中使用了"indigenous"一词，但它的意思是指"native"（本土的）。当你了解了这个词的含义后，到红海去寻找本土海洋物种的乐趣未免要打个折扣了。

或者我们来看看下面的例子：

"在扁平化的管理层级中，无论意见来自决策者与否，都

潜水去!
埃及就是你的红海水下天堂。
快来近距离观赏双髻鲨和鲸鲨
吧，还有各种独特的本土海洋
物种（indigenous species）。

要确保意见提交至项目委员会进行讨论。在此阶段，委员会中
相关合作伙伴的代表可以提出自己的意见以供参考，但从整体
考量，项目委员会应该拥有次级决策权（penultimate deci-
sion）。"

　　从文中可以感受到，作者费尽力气向读者强调"段落简
单"的重要性，但结果事与愿违。很明显，委员会应该拥有最
终决策权（ultimate decision），而不是次级决策权（penultimate
one）。在这里，使用"最终"（final）一词可以避免意思表达
错误。有时候你的确想要使用复杂一点的词汇，可能在不知不
觉中就出错了。

　　除了在尝试加深读者印象时会弄巧成拙外，更多的错误则

来自打错字（手敲键盘时字母组合错误，变成了另一个单词）。在这里，提醒我们要遵循另一个规则：

> **规则 16：**不要依赖文字处理软件中的自动拼写检查功能。

7.2 乱用标点或标点缺失

我们先从举例开始吧！如果使用过多的标点符号，并且位置不怎么准确；你会发现文档阅读：非常困难!!!？另一方面如果标点缺失也会让读者无法跟上你的思维特别是在增加了不少辅助信息的情况下。

尽管上面这段文字勉强能读，但理解起来比较吃力。所以，正确运用标点能增进读者对作品的理解。

> **规则 17：**慎用与善用标点符号。

这时，又有必要再复习一下语法了。最容易出错的标点符号是：逗号、句号、分号和冒号。

逗号：在句子中起停顿作用。使用情形如下：

- 在句子中区分一串列举内容，相当于顿号（"颜色有红，绿，黑与蓝"）。

- 分隔插入的内容（"有时候，不管温度如何，我都想去滑雪"）。

- 在一段陈述之前或之后增添附加信息（"虽然下雨，但

节日庆典仍然继续"或"节日庆典仍将继续，只要天气
允许"）。

■ 提示读者歇口气，或是表达戏剧化的停顿（"他刚开门，
就看见了尸体"）。

从以上例子中可以看出，位于逗号一侧的文字能单独成句，
但另一侧却不能。这条规则在决定何时使用逗号与分号时特别
有用。在使用分号时，标点两侧的文字都可以单独成句，具体
见下文内容。

分号： 这个标点看上去像句号与逗号的结合体，但它可以
很巧妙地用于句号显得突兀但逗号又不够有力的情况。用分号
连接的句子的前后两部分，必须在某些方面有所关联。例如：

"谢谢你最近的来信；我为这么晚才回复你深表歉意。"

分号也可用于分隔列表中的条目。它们也经常用于项目符
号的结尾，或者用于含有逗号的连续列表中：

"我们的目录包括：远古历史，考古学与神话；军事史；
皇室与贵族；以及现代史。"

句号： 这是个简单易用的标点，它标志着一句话的结束以
及某段思路的结尾。只不过。别。过度。使用。它们。

冒号： 常用于介绍一连串事物，或是将标题从一句话中单
独区分开来（如同在这句话里的用法）。不过，冒号在其他两
种情形下也可使用：

1. 为句子的关键陈述"擂鼓"时（"进口该物品的唯一问
题是：它不合法"）。

2. 将两个对比强烈的项目区分开，既不会像句号那样结论

性强，也不像"但是"这样过渡平缓（"Dave 可以按时完成他的论文；Warren 可不行"）。

还有许多其他标点符号的使用规则，由于篇幅所限，在这里就不一一枚举了。但是我还是要重申最重要的一条：

无论什么时候，都不要过多地使用感叹号!!!!!

7.3 拼写错误

没有人能准确拼写出自己掌握的每一个单词，这多少有些遗憾。再加上上述提到的打字错误，你几乎每次都能在自己的写作中找到错误。本章开头所提到的个人履历中的拼写错误几乎会让那些求职者吃闭门羹。所以，正确的拼写永远都是对写作者基本的要求。

文字处理软件中的拼写检查功能非常有用，不过别过分依赖它。我的软件就常常在没有提示的情况下对文字自行修订，而正确的拼写却不停地提示出错。也就是说，它们自带的词典并不完美，在发现低级错误时它们会提示出错，而当拼写正确的词放在错误的位置时，它们无法察觉。

解决这个问题的方法很简单，就是找别人校对。你不可能发现自己所写内容中的全部错误，因为你不会逐字逐句去读，而是会快速浏览。

规则 18：找其他人校对你的写作内容。

特别要注意那些由于键盘字母相邻而敲错键出现的打字错误。如果你要写的词是 Banking，那要格外小心，很有可能打错为英语中的经典脏话。因为"B"键周围的其他键（除了 F）很难拼写成有意义的单词。如果你写的内容是"板球选手出去吃鸭子（out for a duck）"，一定要小心"D"旁边的两个键"F"和"S"，否则意义就完全不同了。

最好的方法是将每个段落倒着读一遍，这样你就不会对上下文产生联想，因此也无法快速浏览了。

最重要的一点是找读者代表来试读你的作品。读者代表要与你的目标受众群体个性相近，他们有助于你明确写作对象所处的环境（见第 1 章）。例如，在本书的初稿中，我提到了马基雅维利（Machiavelli，意大利哲学家与作家，著有《君主论》，认为政治手段与计谋是成功必须，并且敢于直面事实）。帮我校对的一位读者问"他是谁?"，那时我意识到必须将这个名字与参考文献去掉，否则这些内容不是写给他们看的，而是写给我自己的。

7.4 小结

一些低级错误会让你的作品意思无法正确表达。

- 使用自动语法与拼写检查功能，但别过分依赖它们。
- 要特别注意用词错误。
- 理解与掌握如何正确使用标点。
- 找其他人来校对你所写的内容。

第 8 章

大纲与结构

写作最难的就是开始动笔。当然知道何时停笔也一样不容易。我的目标是让本书内容尽量简练，当内容超过 4 万字时，你就会明白我根本无法做到第二点：适可而止。

本章会介绍一些规划写作大纲和展示全文结构的简单技巧，以及保证初稿成形的各个阶段。主要内容如下：

- 大纲、初稿与修订。
- 可读性统计数据。
- 全文结构。

8.1　大纲、初稿与修订

实际上，在纸上落笔（或在键盘上落指）只是写作过程的一部分。首先你必须明白要写什么，除非你天赋异禀，否则一般写作者的初稿需要经过多次修订才能最终成文。记住，在写作之前仔细考虑以下几个方面，你会事半功倍。

拟订写作大纲

写作的方式不胜枚举。然而，多数成功的经验都包括拟订大纲。文档大纲可以分为可视化大纲和分析大纲，两者分别适用于习惯右脑思维和左脑思维的人。

可视化大纲

这一类大纲包括聚类图、思维导图以及其他图形与模式的运用技巧。它们的原则基本一致：用圈与线条将思维的关键词进行连接。

首先在页面的正中间写下文档的核心话题，围绕这个话题展开思维。下一步，运用线条与各种图形对思路进行连接和归类，不断重复绘制过程，直到你的思维框架正式成形。

可视化大纲的范例如下图：

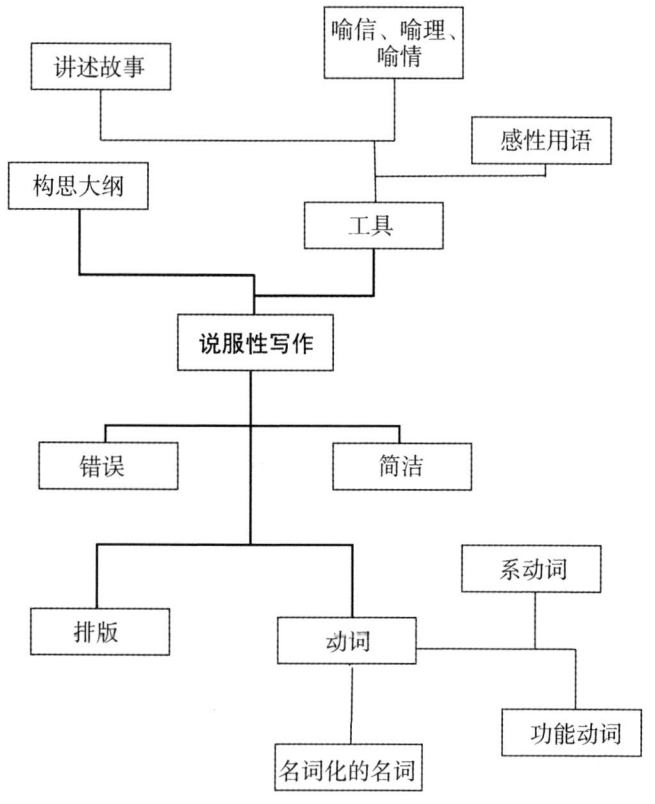

任何可视化大纲最后都要转化成一个列表，从而形成所撰写文档的主要结构。

分析大纲

这是拟订列表的另一种"文艺"说法。我就非常喜欢在纸上列表，但电子版本会更加容易操作与调整，这两种方式都不难，这是真的。

运用以上两种技巧，你还需要某种结构将思路归纳进来，我们在稍后会提及。

初稿

很简单，就是将你的想法付诸纸上。

拟订初稿的常用技巧有：

- 在页面上写下"初稿"二字，提醒自己在写作中不必过分拘束。
- 一旦动笔就别停下来，重新提笔比你一气呵成要难得多。
- 如果不得不停顿，就要在页面上留下提示信息，当你回过头继续写时，就知道从哪里开始了。
- 假如你真不知道接下来该写什么，就留一个占位符。这个符号要醒目，并且高亮标记，比如：>>>这是一个占位符<<<。如果标得不显眼的话，你可能会不小心将带占位符的初稿发给别人，那是不是会有些难堪？尤其是你将一些不合时宜的语言放在其中的话，情况会更加糟糕。
- 为何时完成初稿设置一个时限，这会让你的思维更为聚焦。

拟订初稿的缺点也很明显，它会增加你修订文字的时间，这在有篇幅与时间限制的情形下会特别突出。这时，你可以考虑运用第 5 章介绍的七步简洁写作法，其中的项目符号列表用于拟订初稿内容非常有效。

修订

本书第 5、6、7 章都是关于修订技巧的内容。逐页审读整个文档，运用所掌握的修订技巧纠正错误、提炼语句并精简文档结构。

如果可以的话，在发出文档前至少请他人来通读一遍你的作品。我从未遇到过有哪位作者能自己发现内容中的所有错误。

相对于一次性修订完稿，多轮修订反而会更加简单。典型的修订顺序如下：

1. 语句的长度。
2. 动词。
3. 拼写。
4. 排版。
5. 找他人校对。

修订工作必须彻底——不能走马观花。如果比较匆忙或者注意力无法集中时，暂时不要改稿。找一个安静的场所，留出充裕的时间，然后再开始修订工作。

可读性统计数据

你可能会想到用可读的统计数据来帮助自己完成修订。现在的文字处理软件都带有相关功能，主要为增强文档的"可读性"。

例如，Microsoft Word 采用的是 Flesch Reading Ease 和 Flesch-Kincade Grade Level 这两项指标。第一项指标使用百分比来展示文档的易读程度，第二项指标会将百分比转换成美国学校的年级水平。两者都能有效展示读者在初次阅读你的文档时需要具备多大年龄的阅读水平。

为了转换成更为简易的指标，我们在年级水平上再加上 5，这样就能得出读者的实际年龄指标。如下面的例子：

"我们强烈反对市场主导公司强行推广的无理且无视竞争对手的行为，这完全未顾及社会影响。我们将多方共同抵制大型公司对中小企业的市场霸凌行为，尤其是在其社会与环境影响已经有损国家利益的情况下。"

可读性：0%

年龄水平：23.6（28.6 岁）

"这是只红色的小猫。我喜欢猫。我特别想摸它一下。你喜欢猫吗？"

可读性：100%

年龄水平：0（5 岁）

警告：可读性统计仅仅是一个指标，它必须与你的目标读者相结合来运用。时刻要提醒自己以下内容：

- **可读性要与读者的阅读年龄匹配。** 上面第二个例子对于 3 岁孩子挺合适，但对于牛津或剑桥大学的高材生来说就非常不妥了。同样，太复杂的文字也会超出年龄较小的读者群体的理解范畴。

- **除非你提前知晓，否则你可以假设所有成年人的阅读年龄都是 18 岁。** 如果你知道读者具备较高的阅读水平，并能理解更为复杂的文字，那么你可以更随意地发挥自己的写作风格。如果你不能确定这两点，那就假设他们具备最低的成年人阅读水平，也就是 18 岁（相当于 13 年级水平）。

- **需用到的行业术语。** 可读性统计并未将所需的行业术语统计在内。很明显，即使两者所用的语言方式完全一致，一份医学报告的可读性也会远低于公司内部邮件。

- **语法不通。** 可读性统计也没有考虑语法不通的情形。例如，标点使用不当的句子可能会被认为比正常句子更具可读性。

因此，可读性统计是一项很有用的参考指标，但并非一个必须遵循的规则。如果你的文本的可读性水平处于 10 到 13 年级之间，且语法也很通顺，那应付大多数的商业写作应该绰绰有余。

8.2 文档结构

在构思大纲的阶段，其实文档的自然结构已经成形。或者，你叙述故事的方式会要求对每一部分内容进行排序，以达到预期效果。无论如何，下列内容可以作为参考：

首先，需要记住这条通用规则。

规则 19：让你的要点易于理解。

这并非要求你总是将要点放在显著位置——通过标题、排版和结构来引导读者快速了解要点。即使采用了这些强调手段，你也需要用到以下介绍的搭建文档结构的方法。

- **时序结构**：按时间顺序来组织文字，采用先近后远的顺序会让读者印象深刻，而由远及近的顺序则会将故事娓娓道来。

- **按地理位置展开叙述**：按地理位置组织文字，比如全球事件回顾。

- **问题—起因—方案**：不言自明，这是一个很好的故事叙述结构，可以很好地将读者吸引进来。

- **问答结构**：考虑六大问题（人物、方式、起因、时间、地点与内容），将它们作为文章标题并逐一回答。最常见的是网站上的"常见问题解答"（FAQ）。

- **由简入繁**：从读者已知的内容开始，逐渐引入新的知识。

- **由一般到具体**：首先展示宏观方面信息，再提供具体要素的细节。

- **根据对读者的重要性展开**：在一个场景中先报道对读者最重要的新闻，之后是次要的新闻，最后才是无关紧要的。你可能已经猜到，这种方式多用于现场新闻报道中。

- **SCRAP**

  ——所处情境（**S**ituation）：这是关于什么？

  ——复杂程度（**C**omplication）：出了什么问题？

  ——解决方法（**R**esolution）：如何才能解决？

——采取行动（**A**ction）：谁需要做些什么？

——保持礼貌（**P**oliteness）：以友好礼貌的方式结束。

■ **SOAP**

——所处情境（**S**ituation）：这是关于什么？

——意向目标（**O**bjective）：要达成什么目标？

——衡量评估（**A**ppraisal）：展示已做的研究与分析。

——提出建议（**P**roposal）：依据已知的信息该如何行动？

■ **5P**

——位置（**P**osition）：我们身处何处？

——问题（**P**roblem）：需要做出怎样的改变？

——可能性（**P**ossibilities）：可能的选项有哪些？

——建议（**P**roposal）：依据已知的信息该如何行动？

——解决计划（**P**ackaging）：如何实施计划？

■ **正式报告**

——标题

——目录

——摘要/简介

——导语

——论述

——结论

——建议

如果你还是毫无头绪，那就先去喝杯茶，回来再继续写——最终你会明白该怎么写的。

8.3 小结

在写作过程中，大纲、初稿和修订的结合必不可少。

- 找到一个适合你的搭配模式——一种固定流程不可能适用于所有情况。
- 可读性统计能提供非常有用的指南，但只具备指导性作用。在使用这个工具时，要将你的读者时刻放在心上。
- 当组织大纲时，最重要的是大纲结构。
- 如果并未形成自然结构，可以采用现成的模板。

第 9 章

排版、字体与格式

对于某些岗位与行业而言，写作仅仅是输出文字。尽管如此，你如果可以完全把控最终文档，就应该对文档的格式有所考虑。这与之前所提的公式"读者反应等于最终结果"息息相关。如果你能让读者很容易就找到所需要的信息，他们就很有可能给予你预期的效果。

本章主要内容如下：

- 字体的选择。
- 排版。
- 标题。
- 项目符号。
- 图形与表格。

9.1　字体的选择

显然，字体统一比字体不统一更容易阅读。如果你选择的字体过于花哨或是排版密集，读者就得绞尽脑汁来理解你文字的意思，他们可能很快就会失去阅读的兴趣。

关于字体可读性的争议也一直很激烈。有人说衬线字体更好读，但其他人更喜欢无衬线字体。两者的差异是：衬线字体在字母笔画的尾端有稍微的卷角，而无衬线字体看上去更整齐。在下面例子中的字母"T"可以看出明显差别：

The cat sat on the mat. （衬线字体）

The cat sat on the mat. （无衬线字体）

说实话，两者看上去可阅读程度差不多，所以读者怎样选择见仁见智。研究表明，从印刷文字的密集程度而言，衬线字体会稍微易读一些，但这也不能一概而论。

一般来说，大多数人习惯在屏幕上阅读无衬线字体，在平面印刷品中阅读衬线字体。对于年轻人（以及特定职业，如工程师）而言，无衬线字体会更为熟悉。多数时候，你需要根据读者的具体情况来选择相应的字体。

对于无衬线字体来说，加粗表示能凸显其优势。没有了装饰性的小卷角，视觉上会更有冲击力。所以它作为标题字体以及要强调突出的文字非常合适。

衬线字体（均为 10 磅，字体的磅数指的是字母的高度，而非宽度）

Times New Roman：最常用的衬线字体。

Palatino Linotype：比 Times New Roman 字体密度小一些。

Bookman Old Style：比 Palatino 字体还要宽。

无衬线字体（均为 10 磅）

Arial：最著名的无衬线字体。

Verdana：常用于互联网中，字体很宽。

Microsoft Sans Serif：另一种非常流行的字体，文字密度很高。

怎样选择字体

简单来说，这完全取决于你自己。但是，也要将文档与读者的具体情况考虑在内。字体太大的话，会让人觉得是写给小孩看的。字体太小的话，读起来就很困难。同样，装饰性强的字体适合节庆标语，但对于正式报告而言，这种字体就会显得格格不入。

对于 A4 大小的文档，选择 12 磅的 Times New Roman 字体不会出错。根据本书的幅面尺寸，我选用了 10 磅的字体（英文原版），但比 Times New Roman 稍微宽一点，这样读起来不会显得过于拥挤。

即使有字数或者页数限制，也不要选择过小的字体。的确，Arial Narrow 字体可以比 Palatino 字体节省不少空间，但读起来会困难得多。恰恰相反，你应该尝试用言简意赅的文字来减少篇幅。

总之，字体的选择繁多，也是因人而异。只要你能确保读者可以正常阅读即可。

9.2　排版

排版所要遵循的规则相对简单：

> **规则 20**：让留白成为你的朋友。

这听上去有些奇怪，不过稍等片刻听我解释。留白有助于增强文字的存在感。如果你的文字篇幅较满，但页边距很窄、没有行间距、标题缺失且两端对齐，这样读起来一定很费劲。看看下面的例子：

以上文字摘自一份向政府申请资金的竞标书。从排版来说，它对于空间的利用很充分——这两页有 1600 多字。而普通的两页文档最多能容纳 1000 字左右。但是，对于评委来说，看到这些密密麻麻的文字就会感到心烦。然而这还只是 66 页竞标书中的两页而已。如果要耐着性子将整个文档读完，你一定烦透了，根本提不起兴趣来批准项目拨款了。请将上文与下面的例子做比较：

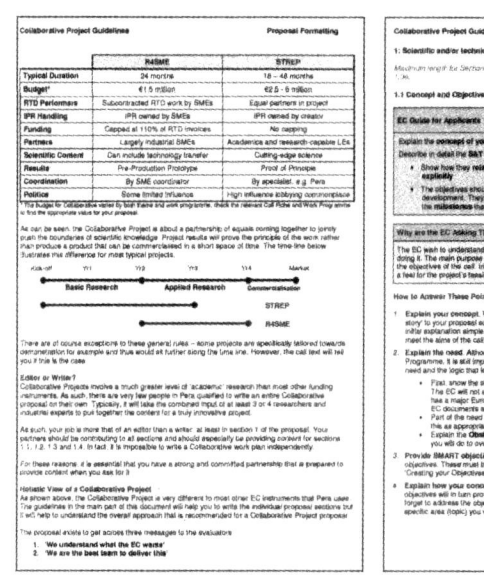
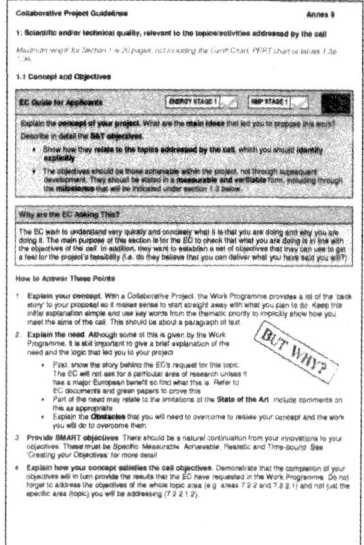

很明显，这两页文本更易阅读。原因如下：

1. 字数减少（留白更多）。

2. 关键字高亮标记。

3. 标题更多。

4. 增加了项目符号列表。

5. 增加了图表。

6. 运用了加粗的强调框（框内文字高亮标记）。

7. 运用了颜色对比（虽然不多）（本书是黑白印刷，但是请相信我，页面上有细微的颜色，这些颜色对整体的阅读效果有所加强）。

8. 左端对齐。

较宽的页边距也起了一定的作用。稍后我也会谈及以上列出的内容，在这里我先谈一谈对齐方式。

我的文本对齐方式合理吗？

文本对齐是将文字与页边沿水平对整齐。本书的文字都是按照两端来对齐的，即文字的左端与右端都与页边水平对齐，这在报纸、杂志专栏和小说的排版中经常见到。如果你观察大多数两端对齐的文本，你会发现它们每行都少于 10 个单词。较宽的行距和页边距加上两端对齐，这样的排版看上去更专业。如果是在 A4 纸上且页边距很窄，使用两端对齐会减少留白空间，反而会使整个页面显得密密麻麻。

如果文本不适合两端对齐，那么就用左端对齐。每一行字数较少的时候也可以这样做。如果用两端对齐，字与字之间的间隔会加大，很长的空白会显得不美观。还有一点，左端对齐会增加整个页面的留白空间。

右端对齐在多数文档中运用不多，因为这样会使文本看起来杂乱无章、缺乏结构。对于我来说，实在想不起任何理由来使用右端对齐。

所以，这里的规则很简单：

规则 21：只有每行的单词数在 10~12 个时采用两端对齐，否则就用左端对齐。

9.3 标题

标题是文档不可或缺的关键组成部分。它担负着搭建文档结构与强化文字效果的功能。如同一个人缺少骨骼的支撑就不过是一堆软绵绵的肌肉组织而已，因此如果缺少了标题的支撑，文档也无法阅读。

- **标题要加粗，字体要加大。** 标题要足够吸引读者的注意力，因此在正文同样字体大小的基础上加粗是远远不够的，必须将标题字号加大，同时运用颜色变化，以增强视觉冲击。

- **标题要简明且言之有物。** 记住，读者会通篇快速浏览。如果在标题中给出关键信息，那么达到读者预期反应的可能性就越大。例如，同时将"结果"与"营业收入增长 10%"作为标题选项，你认为读者在浏览时对哪一个印象更深？

- **给标题编号。** 如果你掌握了文字处理软件中的大纲编号功能，那就可以直接用来为标题编号。这项功能可以交叉引用、自动生成目录，你的编辑工作也更为简单与安全，不必再手工来回调整序号了。

- **子标题要与主标题区分开。** 在本书中，子标题没有进行编号，字体也比第一级标题小了 13 磅（英文原版），这样，主标题的视觉效果更为突出。

- **新的一节内容要另起一页。** 这确实会浪费一点空间，但可以更清晰展示每章/节内容的结束，同时也给读者一个休息的间隔时间。不过这不一定对每种文档都适用，在书籍与长篇报告中用得最多。

- **标题与内容要联系紧密。** 在标题上方要留出比下方更多的空间，这样标题就不会有飘在空中的感觉。

最后不得不提的一点是：

规则 22：多用言简意赅的标题，每张 A4 纸的篇幅中至少要
有 2~3 条有实质意义的标题。

9.4 项目符号

展示项目符号的最佳方式就是将它付诸应用，所以：

■ 确保每个项目符号只强调一个观点。

■ 确保项目符号列表上下都有留白。

■ 合理区分项目符号，可以通过高亮来强调关键要点（见
前一章项目符号格式），或者直接留白来进行区分（例
如本章）。

■ 只有在必要的情况下才对项目符号进行编号。例如：

三条黄金规则：

1. 规则 1

2. 规则 2

3. 规则 3

■ 项目符号可以用逗号、分号来结尾，也可以不带标点。
逗号与无标点的结尾对较短的项目符号更合适，较长的
项目符号可以用句号。在多数情况下，最后一个项目符
号以句号结束，这样就能回到正文来写新的句子。

■ 项目符号要有缩进。

■ 项目符号列表不能太长，特别要避免长达数页的情况。
我所列的这些符号列表已经够长了，但我的目的确实是
为了说明它的效果（我是实话实说）。

9.5 图形与表格

有时，通过图形表达的信息更易被读者消化吸收。记住，
我们的首要目标是让文档更具有说服力。假如图形与表格有助
于加深读者的理解，那么得到读者预期反应的把握就越大。话
虽如此，在这里需要注意的是，图形使用不当比用词不当的负
面效果要严重得多。

将大段文字转换为表格

通常，列表和数据都能以表格的方式来展示。以我们需要
避免的重复性短语来举例说明：

一起连接	恢复
悄悄潜行	一起合并
下沉	以往经验
再次重复	基本要点

上述文字以列表的形式展示更好，但这里却用了多栏列示。
实际上我们也可以将它看成没有划线的表格。使用表格可以改
变文字的视觉效果，空间的利用也更为有效。相对于文字而言，
数据更容易制成表格展示。例如：

"北方分公司 7 月份营业收入为£ 23K，8 月份为£ 27K，9 月份为£ 28K。与此形成比较的是，南方分公司同期营业收入只完成了£ 22K、£ 23K 与£ 25K。"

这段文字可以用表格做如下展示：

月份	北方分公司	南方分公司
7 月	£ 23 000	£ 22 000
8 月	£ 24 000	£ 23 000
9 月	£ 28 000	£ 25 000

使用表格时需要主要注意几点：

- 无衬线字体更适合展示数据。
- 所有数字左端对齐更有利于数据对比。
- 标题行要明显区分开。
- 对表格进行编号，大多数文字处理软件可以自动对表格编号，更便于编辑与交叉引用。

一图真能胜千字

这句话对，也不全对。

如同电影无法与真正优美的文字比肩一样，为什么？文字是依靠读者的想象来创造出理想中对世界的观感，这个过程因人而异，它对每个独立的对象有着更为特殊的吸引力。相反，电影是某一个人对世界的认知成像，所以很难听到有人说：我喜欢作品原著，但拍出来的电影感觉更好。

尽管如此，有些事情要通过文字表达要困难许多。比如，一位老人的某个面部表情可能需要一整章的文字来描述，但却只要一个镜头就可以看清。对于公司来说，它们会投入数以百万的资金来设计 LOGO 与品牌视觉体系，因为这样传递的信息比广告口号更直接有效。

图形在商务写作中特别有用。因此，尽可能地用图形来展示数据、图表、原型与 LOGO 等信息，流程图与图例展示也具有相同的效果。

图形可视化适用以下规则：

- 为图表增加明确的标签。
- 图片的四周要有充分的留白。
- 图形与描述文字尽可能贴近，并且必须放在同一页。
- 对图形进行介绍、展示，并对其进行充分地讨论。

9.6 小结

图形展示可以让文档变得更易读，能加深读者印象，因此千万不要忽视其重要性。

- 根据目标读者的需求选择易读的字体。
- 正文建议采用衬线字体，强调的内容用无衬线字体且加粗表示。
- 排版要整齐，页面尽量多留白。
- 运用表格、图形与项目符号来组织正文结构，这样可以让内容有更多变化，给读者留下更深刻的印象。

第 10 章

常见文档的写作技巧

本书内容虽然适合大多数文档，但不同类型的文档因其独特性会有不同的注意事项。当然，有不少书籍与网站对撰写履历、论文摘要、研究提案等文档都有手把手的教程，在此我也无意重复相同的内容。本章内容主要是我对一些常见文档总结出的写作心得，其中部分建议你可能在其他地方见过，但我希望这当中的许多思路对你来说会是全新的体验。

本章主要包含以下内容：

- 电子邮件
- 网页写作
- 个人履历
- 执行摘要
- 拨款申请

10.1　高效的电子邮件写作

你写得最多的文档一定是电子邮件了。但我们大多数人写邮件时，都不会像对待其他文档那样劳心费神，所以结果很明显：只有 50% 的电子邮件内容（其含义和语气）能被读者正确解读。

一旦意识到这一问题，其实你离解决问题就只有一半的距离了。在此，我归纳总结了能有效提升电子邮件写作水平的 11 条建议（本来我只归纳了 10 条，但帮我校稿的朋友又多给出了 1 条，他是对的）：

1. **电子邮件主题一定要鲜明**。对于收件箱长年塞满邮件的人来说，他们一定会优化邮件的阅读列表，只有直截了当地告知邮件内容，对方才有进一步阅读的可能性。所以，仅仅在标题中加上"紧急"一词于事无补，因为几乎人人都会这样做。只有让收件人将你的邮件归类为优先阅读级别，才能真正达成效果。同时，一般人会隔几天才查看邮箱，所以鲜明直白的主题会有效提升邮件的阅读率。

2. **每封电子邮件只包含一个要点**。也就是说，要确保读者的反应行为不能超过一项。读者通常会浏览整封邮件，但他最多只能吸收一个主要观点。如果信息表达明确，并与某个对应行动高度关联，那么读者采取你所预期的行动的可能性会相应增加。这一点与上述第一点紧密相关——假设邮件的标题只包含一个要点，而邮件内容却有三个观点的话，其他两个要点会在邮件关闭后消失不见了。

3. **交代上下文背景**。不要期望读者会记住他们发给你的邮件细节。如果有必要，可以将他们的邮件引入你的回复中。至少，也要用一句完整的上下文交代来揭示你回复邮件的原因。

4. **电子邮件也是一个文档**。本书目前所列出的所有规则都可以应用到电子邮件的写作中来。记住"读者反应 = 最终结果"的公式，并遵循其他规则对你所写的电子邮件进行至少一次的通篇修订。

5. **避免邮件写作口语化**。鉴于本书前面章节所述，这一条建议看起来有些奇怪。但是，在电子邮件中传递的多数被误读的信息，都是由文字口语化所引起的。具体原因就是缺乏"语气"。在面对面的沟通中，很多信息通过语气来传达，而在电子邮件中，这种语气会自然消失，因此也容易造成误解。可以看看这个句子：

"我会选择 Dave，也可能是 Steve，最后选的人会是 Chris。"

我本来要表达的意思是要选三个人，还是只选择前两个而绝不选择第三个人？在交谈中，通过语调就可以推测出来（可以试试）。所以，一定要时刻提醒自己，你所要传达的信息已经完整、正确地包含在文字之内了。

6. **假设邮件的语气会被误解**。在非正式的电子邮件、短信与社交软件的交流中，人们会使用表情符号（标点符号的组合，看起来像是开心或者伤心的表情，如："：-)"和"：-("）来表达情绪。在商业邮件往来中，由于无法使用表情符号，那么就得加倍注意，确保读者明白你所表达的意思。在审读邮件时，要看看一些语句有没有双重含义，而且要假设读者会理解成不好的那层意思。此时，需要对措辞进行调整来表达正确的意思。上面提到的例子可以做如下修改：

"我会按顺序依次选择 Dave、Steve 和 Chris。"

7. **保持礼貌**。要避免因为语气问题而产生误会。万无一失的方法是从始至终保持礼貌。如果读者从未见过你，那么他对你的所有印象就会来自你的电子邮件。如果你从一开头就彬彬有礼，他们会继续阅读，你的形象也会始终如一地保持一致。这对于说服读者是有利的，他们会从一开始就信任你。反之，如果你的语气显得鲁莽冒失，那么读者会用消极的一面来考虑文字中任何有疑问的地方。

8. **简练而健谈**。电子邮件有些特别，它既不是纯粹的信件，又不同于口头交谈。简练很重要，但运用过多就会显得很鲁莽。相反，健谈一些有助于语气表达，但说太多的话也会掩盖重要信息。看看以下三个例子：

"你好，Dave，希望你最近过得不错，嗯……我刚刚在想你是否可以把周报数据发给我，因为周二管理层会议就要开了，今天我必须将合并数据搞定。如果你能在4点之前发给我最好，不过晚一点也没事，反正我会待到很晚。"

这些内容如果是给别人电话留言，那么听上去会很正常。但是写成文字就显得长而散乱，并没有达到高效传递信息的效果。可以改成以下简练的版本：

"Dave，请在下午4点前将周报数据发给我。"

这对有的联系人来说可能比较合适，不过也有可能会让人觉得冷冰冰、不太友好。以下是一个相对折中的版本：

"Dave，你好，你能将周报数据发给我吗？如果下午4点前我能收到的话，那再好不过了。"

9. **假设其他人会看电子邮件。** 在某些公司里，管理层有权限查看所有员工的电子邮件。即便没有这种可能性，电子邮件的保存期限也是永久的，并且传播起来也很容易，在法律上也可以作为采信证据。所以在邮件中不要写被其他人看到后会令你自己不快的内容。也就是说，你随时可能发错邮件，所以在点击发送键之前要再检查一遍，以防万一。更好的做法是，给你的发件箱设置延迟几分钟发送的规则。这个方法有好几次为我挽回了面子。

10. **你为什么要发电子邮件？** 只有在必须发送邮件的时候才用这种方式。电话交谈会更显亲切，又能增进个人感情，不会产生理解上的误差。所以，你回复的邮件一定是对方想要了解的内容，如果发送给收件人毫无价值的邮件，那只会石沉大海。设想一下，如果你收到一封问订书机放在哪了的群发邮件，你一定不会回复"我不知道"。记住，电子邮件既是一份文档，也是一次对话，一定要有预期目的，你才使用这种交流方式。

11. **切忌在情绪不稳定时发送邮件。** 一封邮件的发送与接收只要短短数秒，这在传统邮件的时代是不可想象的。所以，一旦点击了发送键，你就得承担所有后果。如果你当时正怒火中烧或意志消沉，那就等情绪平复后，最好是静静放置到第二天再来处理。早上起来后，重读一遍邮件信息，如果觉得内容没什么问题，就正常发送。如果觉得有不妥的地方，就删除之后再重写一次。

10.2　网页写作

也许你会感到惊讶，这一节内容怎么这么短？因为网页写作就应该以简练为第一原则。我曾看过不下 30 种"关于网页写作的 10 大技巧"之类的文章，当中所有的建议已在前述章节有所涉及。不过，仅限于此的话，你也体会不到本节内容的简练程度，所以在这里我再给出一些关于网页写作时可以用到的窍门：

1. **设立网站的目的是什么？** 理解网站的主旨很重要，许多公司认为自己必须要有网站，但并未仔细考虑为什么要设立网站。只有理解了网站的预期功能后，你才能写出合适的内容。

2. **要让读者有所收获。** 多数情况下，读者只有需要从网站上获取有用信息时，才会访问网站并点击浏览。因此提供一些能让读者有所用处的信息，至少展示让他们感兴趣的内容（比如案例研究），甚至可以提供软件工具来帮他们选择正确的产品。

3. **网页篇幅要合适。** 有的网站对页面篇幅有严格限制，只会将文字在一屏内展示，而有的网站则会同时满满当当展示 10 屏的内容。这需要你多动点脑筋，仔细思考想让读者看到怎样的内容。例如，BBC 网站上的页面两边的留白就很多，网页基本长度在 2~5 页之间。如果两边的留白较窄，那么网页的长度就只有两屏左右了。

4. **网上的阅读习惯以浏览为主。**大多数时候，商业网站都不是用户浏览的最终目的地，当然在线零售网站除外。结果是，人们会不停地浏览来寻找最具价值的信息。很少会有人特意找个舒服的躺椅、喝着咖啡来悠闲地翻看网页。所以，要用言之有物的子标题，最好足够吸引眼球，加上高亮显示来展示内容要点。

5. **要让用户能随时联系上你。**以上 4 点可以看出，用户访问网站的主要目的是找到你的公司并建立联系。一旦对公司有了认识与认可，他们就会按照网站上的联系方式来尝试沟通。所以，必须要让用户很容易找到相关信息，不要只提供官方邮箱，最好指定联系人的姓名，这样更有人情味。如果可能的话，提供电子邮箱与电话号码，至少也要展示相关职能部门的邮箱（Sales @ acecorp. com，service@ acecorp. com），即使邮件最终都会发到同一个收件箱。

6. **画出网站的地图。**如果在一页 A4 纸中无法画出完整的网站地图，那就得考虑如何改进。不要将内容拆散，否则会像缠作一团的电线一样凌乱。尽量将网站地图压缩在一页之内（如以上第 3 点所示），这样会显得简洁高效。

7. **网页设计与内容创造不是一回事。**有人擅长写作，有人精通网站设计。但不要简单地认为，如果你擅长其中一项就会自然熟悉另一项技能。

8. **别忘记本书说的其他内容。**如我之前所说的，网站写作简洁最重要。要了解你的目标受众，明白写作的目的，才能具有说服力。

10.3　让履历更有说服力

无论你做什么工作，几乎每个人都要在某些时候写一份有效的个人履历。实际上，说服性写作的苛刻程度也不会比履历严格多少，毕竟，你的生计可能都要指靠履历。如同前面所述，我不会重复别人说过的履历写作秘诀。恰恰相反，在这里我所总结的都是从招聘双方的角度来考虑的。

履历的本质是什么

这个标题有点奇怪。然而，如同我一直所强调的，为了达到说服的结果，你一定要明白你所预期的反应是什么。具体到个人履历，你想要的就是得到下一轮面试的机会。这意味着，你不必说服招聘官你是最佳人选，而只需要说服他们你可能是进入面试环节最合适的人。这样的思路会让你减轻些压力：你不必做到完美，只要足够有趣就行了。这就引出了下一个话题。

不必描述所有细节

首先，保持合适的篇幅很重要。一份好的个人履历绝对不会超过 3 页。理想的篇幅是 2 页。其次，如果招聘官不想进一步了解你的信息，他为什么要给你面试的机会呢？最好的情形是让他们只凭简历就做出决定，所以你的履历最好有足够的说服力。最后，刻意遗漏一些细节来引起招聘官的兴趣，让他们发问。例如，你提到了参与过一个 Volvic 矿泉水的重要营销项目，但未详述细节，招聘官就会在履历上做出标记，以便在面试环节中做进一步了解。在面试过程中，多谈自己所获得的成绩，比只回答标准化问题更重要。不过记住要做好权衡，如果你的履历中细节过少，就会显得你并未做过什么值得一提的事情。

按岗位需求调整履历

千万不要让你的履历看上去空泛而简单，不能只是依靠求职信来解释你为什么适合该岗位的需求。相反，要有针对性地对履历做出调整，包括调整信息顺序，强调工作经历中的某项技巧，甚至有时候要"弱化"自己的成绩（资历太深与资历太浅一样，都会影响最终结果）。

有效利用求职信

如果能在履历上附一份求职信，一定要好好用心写。最好在一页 A4 纸上写完，并且一定要用上你所知的说服性技巧。如果你的求职信非常出彩，那么就能让招聘官产生你所预期的情感反应，这也会影响接下来阅读履历时的实际效果。因为履历内容都是在陈述已发生的事实，所以，求职信是让招聘官产生情感反应的唯一机会。

避免套话

除非你所应聘的是家初创公司，否则招聘官应该已经读过上千封履历。对于当中所出现的空话与套话，他们肯定提不起半点兴趣。

> "我既能独立工作，也喜欢团队协作。"
> "我勤奋、执着，也渴望不断进步。"
> "我诚实且值得信赖。"
> "我主动且积极。"
> "我的个人爱好包括阅读与社交。"

你应该充分利用履历有效展示自己的个性，以及为什么与招聘岗位很匹配，而不是写上这种空洞无物的套话。

不要使用第三人称

"David 是一个勤奋且有才华的人"。千万不要这样写简历，读起来会很怪。

呈现效果是关键

从某种意义上来说，履历作为书面文档，其视觉呈现的要求很高。在 2010 年，每个应届生招聘岗位都有超过 70 位申请人在竞争。如果你是这 1/70，要怎样做才能获得应有的关注呢？大多数的履历都平平无奇，只要稍微费点力就能引起招聘方的注意：将你的履历整理得美观大方，用简洁的边线、强调效果的边框、淡淡的彩色与精心选择的字体来呈现不一样的视觉效果。这些都是履历所具有的显著优点。但也不要哗众取宠去尝试炫耀 Photoshop 技巧或者使用 Word 中的三维文字效果。

尽量诚实表达

经验丰富的招聘官一般对废话都很敏感。如果你在汉堡王门店做过服务生，千万别像以下这位如此陈述：

"2004~2006 年　高级服务代表

在此期间，我受聘于一家大型食品生产零售企业，岗位是负责响应客户采购过程中的各种需求。这是一个富有挑战性的岗位，需要超强的客户服务技巧；并且还要精通会计、健康与安全监测方面的知识，此外也要保持最佳的个人卫生水平。"

假如你确实具备该岗位所要求的各项技能，那么一定要坦诚地说出过去的经历、缺点等一切内容。招聘官看到你这么诚恳的表达时一定会感到耳目一新，这是巨大的心理优势。所以，对于以上的经历，你可以这样写：

"2004~2006 年　汉堡王餐厅　服务员

虽然这段经历在我的履历中可能不值一提，但这个岗位教给我许多你可能想象不到的技能。在此期间，我需要在长时间的重复劳动中保持积极高效，要在处理难缠的顾客时保持冷静专业，要在不断变化的团队中表现团结协作。所以，这份工作看上去不需要高超的专业技巧，却为我的职业生涯与面对人生新挑战打下了坚实的基础。"

坦然面对自己所有的过往经历，在其中找出亮点并诚实表达，会让招聘官对你放下心理防备甚至可能会让他们会心一笑。如果你能证明自己具备其他工作技能，那么你就已经超越了其他 90% 的竞争对手了。

10.4　摘要与简介

"执行摘要"必须引起你足够的重视。我们可以从这当中了解文档的主要内容，还有接下来会读到什么。光是执行摘要这个词就能说明这是为日理万机的执行官们所准备的文档，因为他们根本没时间细致阅读。执行官们通常扮演着决策者的角色，他们正是你要说服的对象。一旦他们根据一份简短有力的执行摘要做出了决定，那么文档剩余的部分就没什么作用了。当然，后面的内容也不能与摘要自相矛盾。如果读者对你所说的内容不感兴趣，那他们就不会接着读下去。如果他们喜欢你所陈述的内容，那他们接下来的阅读也是在验证他们已经形成的观点（确认偏差）。

换句话说，执行摘要等同于全文。在这之外的内容，只是提供摘要里无法一一呈现的细节。

许多人会在写完全文后再来动笔写执行摘要，甚至只是在最后一分钟简单地从正文中剪切粘贴，做成一个正文缩减版。我建议采取完全不同的方式——先动手写执行摘要，接下来再写正文。

这种方法的确有点奇怪，不过我一直是这样做的。根据本书一直倡导的简洁性写作技巧，你应该使用项目符号计划来构思故事的脉络，形成主要的观点，再去填充大量的细节与证据以丰富整个文档。

当然，一旦你的正文有所演化，执行摘要也要随之调整，但这不是将其留到最后再完成的理由，因为你可能会顶着限期完成的压力，最后的时间不足也是不小的风险。请记住，执行摘要等同于全文。

那么，执行摘要该写成怎样？写多长才合适？摘要的长度取决于整个文档的篇幅，不过，多数商业书籍的摘要内容可以压缩到 5 页 A4 纸左右，或者更少。如果不信，你可以去验证一番。一本书的简介篇幅没有必要超过 3 页。

简介或摘要的结构应该与全文结构相对应，因为它们实际上在讲述同一个故事。通常会包含以下内容：

- 做出决定的理由与依据。
- 期望他们做出的决定。
- 他们按你的期望选择的理由。

对于提案性质的文档，如竞标书、投标书和项目提案等，以下格式会比较管用。

- 充分理解客户的要求，与他们产生共鸣。
- 列出成功的问题解决方案/服务提供商应具备的特点。
- 按以上的特点给出你的建议。
- 为什么要选择你，而不是你的竞争对手？要体现出差异。
- 情景——为什么我们处于现在的环境中？
- 机遇——有哪些可以改进/提升？
- 方案——我们可以提供什么来充分利用这个机会？
- 方法——我们如何达成目标？
- 影响——这将起到什么作用？

在第 2 章中所举的说服性写作的例子，就是典型的基于故事叙述的简介。

10.5 拨款申请

在英国，每年有数以万计的拨款申请提交，但只有极少数能成功获得批准。从申请人的角度来看，他们非常清楚自己为什么需要项目资金，但却无法理解为什么会被无情拒绝。显然，你要获取拨款的理由应该是申请书中最重要的组成部分：你想申请成立一家活体解剖主题公园，但是并没有多少有效的文字能成功支持你获得拨款。好的项目思路无法成功获得拨款的主要原因往往是申请文书的质量太糟糕。以下写作技巧应该可以帮助你避免很多常见的错误。

了解出资人与审批人

对于多数商业决策而言，一旦成功，决策者会获得直接的经济利益。例如，一位经理人选择了错误的咨询顾问，会让部门预算大大超支，因此他也必须向上级给出合理的解释。在拨款申请中情况会有所不同，最典型的例子就是对某个研究项目的拨款申请。欧盟委员会（European Commission，EC）运营着一个金额庞大的项目支持计划，主要为具有创新想法的项目提供资金支持。委员会资金充沛，但项目选择依赖独立的审批人来完成。每次审批人员的构成都不尽相同，一般来说，主要由学者、专业顾问、研究人员与商界精英担任，通常至少有三位审批人来共同审查每一项申请。

尽管评分体系是由欧盟委员会制定的，但看上去细微的说服性因素会对最终结果起到不小的影响，特别是在审批人并非出资人的情形下。例如，如果你是出资人，那么你最关注的应该是成本、投资回收期、项目回报率、市场规模、知识产权与开发权等因素。当你不是出资人，你的关注重点会变成陈述的内容是否动人、有趣或令人振奋。无论你关于项目的思路与想法有多棒，如果审批人在阅读文书的头几页时就感到厌烦，那么你失败的概率就很大。下面所列的一些技巧有助于你在表达事实与叙述动人故事之间找准平衡点。

故事叙述与逻辑列

讲好故事在拨款申请中至为关键，主要原因有以下两点：

1. 能让文档更有逻辑性。
2. 对读者更具吸引力。

我强烈建议采用"逻辑列"的结构形式。这是一种按逻辑顺序呈现关键事实的故事结构，也就是说，审批人很难从逻辑上来否定你的申请。同时你也可以讲述一个引人入胜的故事，让读者更为投入，并持续产生兴趣。逻辑列的核心是采用"问题/解决问题的机会"的结构，以及附上一些锦上添花的词句加以丰富。具体来说，审批人在第一眼看到申请书时，你的故事逻辑要尽快与他们的思维产生化学反应。其结构如下：

1. 存在的问题/机会：

哦，这很糟糕/奇妙，我们该采取行动。

2. 这事关重大，需要拨款：

之前有人采取过相关的行动吗？

3. 没有其他人提出过完整的方案：

该死，真让人失望透顶。

4. 我们有一些解决问题的思路与想法：

不错，那你们开始行动吧。

5. 我们无法继续开展行动，因为遇到了以下几点困难：

该死，这本不应该出现。

6. 获得拨款会在以下几个具体方面解决这些障碍：

哦，这些是举手之劳，我肯定会帮忙。

7. 如果克服困难并找出解决方案，带来的效益非常显著：（对于每位申请人来说，提出申请就是寻求帮助）

好，我们决定拨一些钱给你们。

以上结构，我将其称为"从悲到喜"的故事演化情节。你分别提及了坏消息与好消息，但最终通过努力皆大欢喜。这样一来，你会向审批人完整展示所有的角度，呈现全面的思考过程，并充分考虑到了可能遇到的障碍与阻力。

根据所展示的支持证据与申请金额的大小，整个逻辑列的长度在半页到两页纸之间为宜。同时，这一逻辑列也可以生成拨款申请文档的简介/执行摘要。

这些年以来，我看过成百上千份拨款申请，在成功获批的申请中，有80%具备了很好的逻辑列结构，只有20%在逻辑方面有所欠缺。因此，要在故事叙述上投入尽可能多的时间和精力，然后，花更多的时间来努力打破这一结构。

请记住，拨款的审批人并不是在花自己的钱，所以他们对故事情节比对财务细节更感兴趣。讲好一个故事，在当中投入情感，让他们产生共鸣从而激发帮助你的渴望，再加上第一印象与证实倾向，这时你已成功了一半。

换位思考

尽管审批人不是在花自己的钱，但有时也会出现例外。即使不用自行出资，一位独立与负责的审批人会希望他手上批准的拨款是个明智的决定。很多情况下，你很难将自己放在一个评审者的角色中思考，尤其面对的是自己的拨款申请（"我当然会批准，这主意实在太棒了！"）。无论如何，一旦你能换位思考，你就会很容易知道该怎样提出正确的问题，这样面对审批人时你就会应付自如了。

为进一步阐释，我们可以举个例子。假设我们正为某项新产品/新技术的开发申请拨款，我必须从采购者的角度来考虑所有问题。因此，就得从两方面类推进行思考：

第一部分：你年迈的邻居想要升级家里的供暖系统，一家太阳能供暖公司的销售代表上门拜访。邻居请你做参考，以免被销售人员所蒙蔽。在邻居做出购买决定之前，你会问销售代表怎样的问题呢？

这是你可能提出的问题：

- 我为什么需要这个产品？
- 它是如何运作的？
- 需要花多少钱？
- 它能带来什么好处？
- 它真的物有所值吗？

- 我能在别的地方以更便宜的价格买到吗？
- 我几年之后再买会怎么样？
- 与这个相似的同类品有哪些？
- 我需要做什么事？
- 我得到的好处具体有哪些？
- 这需要多长时间？
- 是否所有的事情都由你们负责解决？
- 我能看看产品介绍材料和认证书吗？
- 我能看看详细的报价清单吗？
- 这个产品有保证吗？
- 如果出了事故，我的保险能覆盖所有的费用吗？

第二部分：销售代表声称公司正积极扩张并寻求新的投资，问你是否感兴趣。在做出投资决定前，你会提出哪些问题？

以下是你可能提出的问题：

- 目前的营业收入是多少？资产负债状况如何？
- 产品的市场在哪里？规模有多大？
- 投资回报率如何？
- 作为投资者，我能获得怎样的回报？
- 公司未来的五年计划是什么？
- 我的投资是否安全？
- 其他的投资人是谁？

你会发现，以上所有问题的答案，正是审批人在决定是否对你拨款时想要听到的内容。类似的换位思考也能在服务、慈善工作及其他类型的拨款申请中加以运用。当然，不要只局限于上述所列的问题。在理想情况下，找两三个人来提问，加以综合后形成完整的问题清单。一旦这项工作完成，你就可以将其运用到具体的申请提案中去。不过，一定要确保所有的问题都有对应的答案。

将自己置身于审批人的位置，你可以更好地从他们的视角进行观察、思考。当然，在情感上不要对自己的申请有所偏袒。这时，你需要选择一个保证自己公正而中立的例子。如果你坚信每个家庭都需要太阳能供暖系统，那你就会忽略掉许多被问及的问题。

充分展示你的工作

这是展示"因为"的力量的另一个范例。即使你不为所呈现的信息提供证据，审批人也会仔细地去探究找寻。但是，如果你主动提出相关的支持证据，审批人可能就不会费力地再去验证信息的真伪了。我曾见过许多优秀的提案因为证据缺失而被拒绝，尽管它的诉求是正确的。相反，我也见过许多存在着计算错误的提案获得批准，因为他们的工作得到了完整全面地展现，审批人也懒得一一去验证其正确性了。这可以归结为：

要通过计算、参考文献或自己深思熟虑后得出的观点来呈现你的结论。但是，也别花太多篇幅加以佐证，只要有一个看上去合理的"因为"，审批人通常就会很满意了。

注意网络上的内容

十几年前，如果你想要找一些信息与资料，你需要花费不少力气。互联网的飞速发展改变了这一切。如今，信息的获取只需要轻点几下鼠标就可完成。这对拨款申请也产生了很大的影响。审批人拿到申请书之后的第一件事可能就是去网上搜一搜你以及你的申请项目的情况。在这个过程中，有三点值得特别注意：

1. **你的网络形象。** 毫无疑问，在申请书中你的形象肯定是优秀和正面的。但审批人上网搜索，得到的结果是否与你所描述的形象一致呢？在谷歌搜索框中输入你的公司名称，你的公司网站排在第一条吗？搜索结果的前几页是否有对公司的负面评价？最近有与公司相关的新闻发布吗？公司网站是否展现出严谨与专业的形象？甚至，公司是否有自己的网站？因此，要确保在网络上出现的内容与你想要审批人持有的印象保持一致。

2. **你的提案主旨。** 这在研究项目的申请中比较多见。寻找风险投资的公司必须与市场足够贴近，而对于研究资金的申请，你需要考虑得更为长远一些。如果你在网络上呈现的形象与提案主旨截然不同，那么很可能会让审批人感到失望。确保不要让他们看到或接触到与申请材料相悖的信息。

3. **你的竞争对手。** 在大多数技术拨款申请中，你需要贬低竞争对手来证明自己的方法更有效。当审批人发现你在申请中未曾提及但看上去更好的同类技术时，你的申请基本就只有失败这个选项了。在谷歌上搜索相关内容，在前 10 页的结果中仔细审查，其他搜索引擎也重复一遍相同的工作。尝试使用不同的关键词，仔细筛选竞争对手，确保在申请中谈及他们并对其有效打击，以化解隐藏的威胁。同时，审批人通常会看一些销售宣传资料，你必须解释清楚为什么这些资料上的方法比自己的逊色，要想方设法将他们之前所看到的所有正面信息一一击破。

如果描述得太好，会让人难以置信

这一条确实有些伤人。相信我，对此我深有体会。你可以写出最完美的提案，所描述的技术也是最具革命性的，并且将给公司与出资人带来数以亿计的回报。评审人却不相信你的说辞，拒了项目拨款。我曾在一项研究资金申请中有过以上的经历。当时展示的方案能产生现有技术 10 倍的效果，但审批人却觉得难以置信。之后我们在提案中修订为能提升 4 倍的效果，这样就成功获批了。实际上，我们常常要调低真实的技术数据，以让它们看上去更可信。

同样，换位思考也有助于提升内容的可信度。如果有人声称所销售的产品比竞争对手强 10 倍，那他肯定会被认为夸夸其谈。如果你真要夸下海口，就必须提供充分的证据支持，而且必须在得出结论之前就展示出来。事实上，一旦审批人在你说出结论前就已经心里有底，那你获得拨款就顺理成章了。最后，如果你还有所担心，那么不妨低调一些。如果评审人最终发现"哦，实际效果比他们宣称的还要好"，这样就会非常有利。确保把握好美化提案与成功申请之间的微妙平衡。

10.6　反馈、担忧、帮我个忙

尽管这与编辑工作更为相关，但在最后谈谈反馈，是完全合理且必要的。

许多人都担心自己的作品被人指指点点。与我共事过的一位作者说过，他在等我对他的作品进行评价时，心情比考驾照时还要紧张。

不过，评价与反馈是非常必要的环节。身为职业的评审与编辑，我仍然需要强迫自己不断寻求外部的批评与建议。然而，找到正确的人评价你的作品的确很重要，但最重要的评论者是你的读者，或是与读者类似的人。没有这样的反馈，你永远也不会知道你的方法是否奏效，或者为什么无效。在寻求评价与建议时，需要注意：

- 审稿人数要合适。你问 10 个人会得到 10 组不同的答案，当中许多可能也会自相矛盾。我建议根据文档的重要程度，审稿人数在 2~4 人之间最适宜。
- 尝试寻找不同的人审稿。如果有 4 位审稿人，那么其中两位可以是读者代表，一位是相关领域的专家，另一位就可以选择毫无行业经验的业外人士（比如家人或工作之外的朋友）。
- 请他们对各自的评价给出合理的解释，并提供进一步改进的建议——可别只让他们留下一句"我觉得不太好"就走了。

- 让不同的审稿人从不同方面给出意见。例如，其中一位主要考察展现的效果，另一位则对内容仔细审读。
- 如果能收集到最终的读者反馈的话，一定要加以重视。尽管他们的意见对已经成形的文档没什么作用，但对你未来文档写作的提升与改进却意义非凡。
- 最后需要提醒一点，不要过于在意这些评论。反馈与建议所针对的都只是文档，而不是你个人。我们需要保持不断学习的心态，有时候，我们也并不完全了解目标读者心里真正想要什么，只有从他们给出的反馈意见中窥探一二。

帮忙给我一些反馈

与大家一样，我也需要读者的意见与反馈。所以，请大家在阅读完本书后将反馈意见直接发送给我，也可以通过电子邮件联系出版社或是在购买网站上留下书评。如果想让整个过程更有趣一些，你可以设置一个字数限制（建议不超过 100 字），任何正面或负面的评价我都会虚心采纳。毕竟，这本书不是为我自己而写的。

10.7　小结

本书所述的技巧适用于任何文档，但也要提醒一下，对于常见的文档需要掌握一些特定的技巧：

- 电子邮件——对它们与其他书面文档同样重视，邮件内容的要点必须简单明确。

- 网页写作——保持简洁与清晰。

- 个人履历——个性化，美观化，保持诚恳与真实。

- 执行摘要——代表了你的整个文档。

- 拨款申请——运用逻辑列来讲好故事。

- 反馈——这很重要，对所有意见要包容与接纳。

第 11 章

说服——一门
奇妙的艺术

我最近读了 Julian Baggini 所著的《The Duck That Won The Lottery》一书，书中竟然包含了 100 个 "糟糕" 的观点，例如一些犯了基本错误的言论。虽然其中每一个论点都有瑕疵，但是如果读者没有察觉到当中的核心谬误时，它们还是具有一定的说服效果。

这让我面临了一个两难的道德困境——难道我真的要将谎言与欺骗作为说服手段来运用吗？实际上，这也并非两难，在日常生活中，存在错误与瑕疵的观点无处不在。如果你也准备这样做，最好先弄清楚自己要做的是什么。在这一章中，我将不同领域有趣的谬误论点收集在一起，并有针对性地提出一些应用指导。同时，这也是在用某种微妙的方式教你识破别人针对你使用的谬论。

尽管如此，在进一步阐述之前，我先提几点警示：

1. **充分了解当中的风险**。运用存在谬误的论点，风险在于读者可能会一眼识破。没人愿意被欺骗，如果读者发现了的话，结果一定是弊大于利。所以，要尽可能使用正常合理的推论来说服他们。

2. **了解可能的后果**。写作的首要目标是说服某人做某事。然而，这不是唯一的目标。例如，你想取悦读者并与他们维持长期的关系，这样一来，采用欺骗与威慑的方式可能会在短期内奏效，但会严重损害你们之间的长期关系。

所以，这些方法只是在常规的说服手段无法奏效时，不得已而出的最后一招。要尽量少用它们，同时要顾忌其风险与潜在的后果。深吸一口气，潜入到说服性写作的深处，我们一起对这门奇妙的艺术一探究竟。

11.1　因果关系

有时你希望读者相信一些原本不可能相信的事情。这在医药保健品领域比较普遍。

我在尝试销售一款革命性的新型"气疗"设备，它是通过蚂蚁来移动全身上下的细微磁极，让身体中的"气"重新组合。这对背痛、精神不振甚至普通感冒都有疗效。一眼看上去，这几乎是匪夷所思的事情。尽管如此，通过进行因果关系的推理，我会让这款新型医疗设备一售而空。下面是我主要的三个论点：

1. **这不是巧合。** 我可以让用户体验一下这种新型疗法。一部分人试用后会感觉有所好转，即便只是由于注意力转移、平均感觉值下降或者安慰剂（Ben Goldacre 的《Bad Science》一书有详细论述）在起作用，人们也会将结果归功于"气疗"。正是大家热衷于寻找因果关联，所以一部分人会断定这是新型疗法在起作用。我现在已经有成功案例在手，就可以对外传："患者在使用了该设备后，情况大为好转，这不是巧合。"在商业环境中，这种手法屡试不爽。如果你付出了一点点的努力就获得了成功，可以将之归结为你所付出的所有投入。

2. **这有充分证据。** 对上述过程进行多次重复后，你就会得到该疗法有效的"充分证据"。这简直可以成为最具创造性的神奇疗法，即使你手里的全都是间接证据，这没有关系，只要持续不断地将这些证据对读者进行信息轰炸，他们迟早会相信你的疗法一定有神奇之处。

3. **你如何解释其他情况？**当然，那些并未见到疗效的患者一定会心生疑惑，从而产生种种质疑。这时，你需要坚持以上的论调。无论你的理论看上去多么荒诞可笑，在没有人给出更好的说法之前，大部分人都会接受你的说辞。甚至，你可以对质疑发出挑战：只要你无法证伪，那就证明了"气疗"的功效。

再次重申，这类言论有可能漏洞百出，但它们仍然有效地帮助保健品行业每年在英国开拓了数以百万镑的市场。

11.2　这是常识

每个人都认为自己具备足够的常识或有敏锐的直觉。的确，作为正常人经验常识是必备，但这并非总是好事。就像假如我买的同一组彩票号码连续两周都中奖了，所有人都会认为必有暗箱操作。然而，如果 Sarah James 第一周在 Redruth 市买中了彩票，Steven Hughs 在 Aberdeen 市买中了彩票，没有人会产生任何怀疑。其实这两种情形的概率是一模一样的（参见以下"滥用统计"一节）。

不过，常识还是备受人们的重视与信赖。质疑他人的直觉也会让人心生不快。因此，如果你说做某事只是常识的话，大家都不会质疑这件事的真实性。毕竟，如果他们要挑战你的观点，不就是在说自己不懂常识吗？

那么，在实践中如何加以运用呢？举个例子：

"我们应该对周一和周五按时出勤的员工给予额外的奖励。显然，这个时间段很多员工会故意请病假，以获得一个加长的周末。所以，奖金会降低员工的缺勤率，从而提升生产效率。"

英国国家统计局数据显示，工作日的缺勤率大体相当，不过周一的缺勤率相对最低。所以，关于周一和周五两天缺勤率高的"常识"根本站不住脚，不管行业、年龄、地区差异如何，数据并没有明显差异。但是，如果你是一名工会的游说人员，想借此来提升工人的福利待遇的话，这个论点就会很有效。因为这项提议看上去对雇主更有好处。

即使有些事情并非常识，你要说它是也是可以的。只要不太言过其实就好：虽然在伦敦市区用自行车送邮件是常识，但如果说自行车是国际货运的不二选择就显得荒谬了。

11.3　这是基本知识

人们在过度概括事物时所犯的通病也很有意思。简单地将本书从头至尾浏览一遍，你会发现至少有 5 个地方用了"通常来说"一词。但是，我怀疑没有人真正注意到了这一点（直到现在，很显然！）。

如果缺乏对论点的支持证据，你可以试着去归纳概括，以下短语（词组）会被经常用到：

- "大家普遍认为……"
- "大家都接受/怀疑的观点是……"
- "大家都相信……"
- "总是/绝不"
- "每个人/没有人"
- "传统的观点认为……然而，现在的观点是……"
- "大多数人/行业/管理层都……"

当然，读者可能明白你的论点是彻头彻尾的错误，所以在概括总结时要加倍小心。尽管如此，你也可能在读者毫无察觉的情形下让这种归纳得逞。实际上，这甚至会让他们对你更加信任，因为在他们潜意识里已经对其认可了。

11.4　滥用统计

诡辩地利用统计数据是新闻记者与政治家的拿手好戏。这时常导致人们对健康的担忧，形成错误的认识，甚至引发过战争。以下是对你所需的数据进行加工的四种手段：

1. **忽略基础比例**。我有一款软件能正确识别 90% 的信用卡诈骗交易，只有 0.1% 的情况下会将正常交易误判为诈骗交易（误报率）。表面上来看这很不错，但当把诈骗发生的比例（基础比例）也考虑在内的话，结论是否还一样？如果在每 1000 次交易中会发生 1 次诈骗交易，假设有 10 万次交易，我能将当中的 100 个诈骗行为中的 90 次识破。但每 1000 次正常交易中，我也会将其中的 1 次误判为诈骗行为。这意味着，在我识别的交易中，有 90 条是正确识别的虚假诈骗，而有 100 条是被错误拦截的正常交易。这也许是行业可以接受的水平，但如果每 10 万次交易只有 1 次诈骗发生，情形就会变得很糟糕，我的软件仍然会报出 100 条诈骗交易，但判断正确的只有 9 条。这对于商家来说会是毁灭性的打击：防止诈骗交易所省下的费用，远远覆盖不了处理客户投诉所花费的成本。如果想让难看的统计数据更美观一点，那么就忽略掉基础比例，直接说百分比就好了。

2. **将最好的与最差的进行比较**。现在我们假设拿你的产品与竞争对手做比较，从平均情况来看，你的产品要稍逊一筹。别担心，只要拿对方产品无法与你企及的指标做一些对比，就能挽回败局。比如，以汽车为例，你可以将设计油耗或实验室油耗与竞争对手实际的平均油耗来做比较。也可以将它们的平均油耗与你在环城高速上的油耗数据对比，这样一来，你可以声称自己的油耗数据比对手要低将近 30%。请注意"将近"这个词，看上去要比其他任何欺骗性的广告用语更有责任感。在没有其他细节的情况下，读者不能做出充分理性的判断，所以会倾向于相信你的结论。

3. **按需求选择数据**。任何统计分析的结果都会受数据源的影响。以化妆品为例，几乎每个品牌的广告都声称"90% 的女性用户认为她们的肌肤更年轻了"。这些数据从何而来？如果换做我，就会向某个品牌的 150 名长期用户发放免费试用装，并要求她们给出反馈评级。这不仅仅是因为她们已是品牌的忠实拥趸，在得到免费产品后，多少也会对公司心存感谢。其次，我会在调查问卷的措辞上采用二分法（下文中会有提及），增加用户给出好评的概率。如果并未获得预期结果，我会尝试使用另一个调查方案。不过，我永远也不会宣称达到 100% 的用户满意率，因为这看上去太假了。77% ~ 86% 的区间会更可信一些。顺便提一下，实际上在谷歌这种非常不专业的搜索结果中可以看出，大部分面霜都有 75% ~ 90% 的有效率。（我在校稿时发现了这一点，某品牌面霜的功效并不明显，但数据显示有 77% 的受调查用户使用产品后变得更年轻了。这正是广告所希望达到的效果，广告认为这种调查结果就等同于产品效果的佐证。）以上这种方式在其他统计中也可以运用——按你的需求来选择想要的数据，避免提及具体细节，你就可以得出最具说服力的数字。

4. **在随机中找出规律。**这又回到了因果关系。如果你能找到一系列存在因果关系的事件，你就可以宣称这些现象并非偶然，而是某种必然的存在。《圣经密码》（*The Bible Code*）一书的主旨就是阐释这个规则。更糟的是，还有几起由于错误的统计数据而造成司法误判的案例（特别是 Sally Clarke 一案）。在运用这个规则时，你要提出的问题是：这件事发生的概率有多大？而读者会以"根本不可能"来回应你。

为进一步阐释这一点，我想通过证明员工在请病假时撒谎来举例。假设我们有 15 个员工，Bill 和 Sarah 上周五都请了病假，其他人都没有生病。由于员工们整体都很健康，平均每人每年只请一天病假，所以我很确定上面两位一定是借病假理由旷工了。毕竟，两人一起生病的概率太低了。

一年有 220 个工作日，为了证明我的论点，可以假设 Bill 在周五生病的概率只有 1/220，Sarah 在同一天生病的概率只有 1/220×1/220，即 1/48 400。看样子，要对他们的行为按章处罚了。

或者，事实并非如上所述。我假设了 Bill 和 Sarah 在同一天生病请假是不可能的。但是，一年中的任何一天都可能出现两名员工同时请假的情况。事实上，在特定的某一天会有 105 种两人同时生病的排列组合概率。虽然特定的两人在同一天生病的概率较小，但随机的两人在同一天生病的概率要大得多。这样一来，一年中两名员工同时请病假的概率是 38%。尽管数据是完全随机，但我在当中找出了某种规律，让它看上去不是偶然发生的事件，这也是常识失效的另一个范例。不过，虽然我有可能推理出错，但大多数人还是会相信我的数据与结论，他们会认定这两名员工是故意装病旷工的。

总之，如果你在随机数据中得出一条规律，你就可以说它是有意义的，同时可以忽略它随机发生的事实，并问出一个有说服力的问题："这类事件的发生概率有多大？"拿出一些具有蛊惑性或者偏向性的统计数据来证明你的观点，就可以展示说明随机性的命中率如此之高一定是不可能的。

11.5 扩大或者缩小定义

如果说你在某件事情上是做得最出色的，这听上去很不错吧？但是，不可能每个人都是最优秀的。假如你不是最优秀的话，那么为什么不改变一下"最优秀"的定义呢？你可以通过扩大或缩小定义来达成目的。

例如，你可能想宣传自己的客户比业内其他公司都要多，但如果事实并非如此，你可以试试改变"客户"的定义。扩大其定义可以通过增加市场拓展的客户数据，而不仅仅是通过已完成的项目客户的数据来达成。同时，可以通过排除不利数据来缩小定义，这样一来，你对"客户"的新定义可以是存在长期合作关系或有一定消费量的客户。重申一下，这种方式是新闻记者制造热门话题的惯用伎俩。一个城市可以根据犯罪率、暴力犯罪率、涉枪犯罪率、谋杀率、死亡率甚至涉枪谋杀率等被冠以英国暴力之都的恶名。对定义进行适当调整与裁剪后，你就可以名正言顺地使用大标题来吸引读者的眼球了。

11.6 称赞的话

一般情况下，相对于正确的观点，人们会更喜欢自己的观点。例如：

——70%~90%的人都认为他们比一般司机水平要高。

——87% 的 MBA 学生认为他们的学习水平在平均线之上。

——技能水平较低的人更有可能高估自己的能力。

以上这些信息要比真实情况更为重要——只要读者认同，这就是事实。两种偏见的存在会让情况更糟。首先，证实偏见（第 3 章）会让你的读者忽略任何否定自己能力/智商的观点；其次，归因偏见会强化对自己超群能力的认同感，这意味着我们将自己的成功全部归结于个人能力，将失败归结于运气太差。同样，我们会将别人的成功归结于好运气，而他们的失败大多是因为能力不够。在与其他因素的共同作用下，这两种偏见会让我们对自己的能力过于自信。

我们与其进行抨击，不妨好好加以利用来有效地提升对读者的说服效果。你可以考虑以下方式来奉承一下读者：

- 我们坚信你做出了无比正确的选择。
- 我们非常清楚地记得你是谁。
- 没有你的话，我们的存在也毫无意义。
- 对于你这样有能力的人，我们有特殊的服务。
- 我们亟须你的协助，因为你是最棒的。
- 你对此应该了如指掌，我们只是提供了一个大纲而已。

以上这些并非只是一味地为了奉承。特殊的服务一定价格更高。例如，一家培训机构告诉我侄子，他的吉他水平要远高于一般团课的标准，因此需要选择费用贵许多的一对一单独辅导课程。但只要在可承受范围内，没有父母会拒绝提升孩子能力与水平的机会。如此一来，吉他辅导老师一定会赚得更多。我当然相信侄子的能力需要特别的课程，如果我是位手头拮据又无良的吉他老师的话，大概也会做同样的事情。

在称赞别人的时候切忌过度，阿谀献媚绝不能成为赞美。同时，只有当读者沉浸在自我当中的时候，赞誉之词才最有效。对那些不太自信的人来说，适当赞美会让他们感觉好很多，但同时也可能会让他们怀疑你的用心与动机。还是那句话，了解你的读者最重要。

再多说几句

我不可能将每一个技巧都写成一个小节，所以在这里将其他未曾涉及的技巧总结一下。除了书中罗列的内容，你也可以自行去网上搜一些谬论大全。要清楚的是，当中大多数可能都不会奏效。如果你希望有所收获，还是应该去寻找有理有据的正面论点。

- **错误的二分法**——虽然可选择的余地很多，但你只给予读者两种选择。虽然你可以选择只接受一部分内容，但你必须要么完全接受，要么一无所有。

- **不同意的话你就是纳粹分子**——将你的观点与一些令人不悦的事关联起来。"强制裁员就相当于让企业安乐死，我们强烈抵制这种最终方案。"

- **自然主义谬论**——只要是天然的，就一定是好的。"颠茄（含有毒性成分）和茄属植物（这种植物大部分都能分泌毒汁）都很光滑——100%来自纯自然原料。"

- **贿赂与威胁**——在写作中你不可能出现直接威胁，但含蓄的贿赂与威胁时常存在，特别是在商业环境下。这充分利用了人类"贪婪"与"恐惧"的情绪弱点。从长远来看,这么做毫无益处。"Acecorp 公司会与合作伙伴和业内同行共享分包经验。"——潜台词是,一定要让我们满意,否则就没得玩了。

- **完美/不完美方案**——如果是竞争对手的方案,那就一定要找出其弱点进行攻击。如果对方的方案完美无瑕,那就宣称其太过于完美,难以置信。如果不怎么完美,那就要特别强调其缺陷与漏洞。

- **举反证**——你无法证明不存在的事情,不过如果没有人能证明你的论点是错误的,那么你就自然地会被认为正确。这一招在"证实"上帝存在的争论上已经被使用了数千年。"你不能证明我们公司无法交付,那么就应该认为我们能按期交付。"

- **恳求提问**——就是要避免提问。在文档中小心措辞,你就可以证实某事成立,因为它就是正确的,这就避免了"它为什么对?"这样的问题。"我们的真诚不容置疑,只有道德标准很高的公司才能稳定成长。"这句话的意思就是在向读者提问,"道德标准不高的公司能稳定成长吗?"实际上,我们是在强调,"我们必须具备较高的道德标准,因为我们是大公司。正是因为如此,我们才稳定成长为大公司的。"

11.7　小结

无论何时，我们都要让自己的论点有理有据。但是，在不得已的情况下，我们也可以考虑谨慎地选择运用以下技巧：

- **因果关系**——这并非巧合，证据如此充分，你如何解释呢？
- **这是常识**——即使直觉经常出错，但人们还是会相信你所宣称的"这是常识"。
- **这是基本知识**——大家都知道这是对的，因此你也该相信它。
- **滥用统计**——忽略基础比例，对比极端的情况，挑选最有利于你的数据，在随机中找到规律与固定模式。这些都是在滥用统计，但是确实会加深读者的印象。
- **扩大或缩小定义**——按你的需要，对术语与定义进行加工。
- **称赞的话**——多数人都会高估自己，因此要让他们感到独特，尤其是当你想让他们做出你所预期的决定的时候。
- **还有更多……**
  ——错误的二分法
  ——你是纳粹分子
  ——自然主义谬论
  ——贿赂与威胁
  ——完美/不完美方案

——举反证

——恳求提问

11.8 结束语

终于到此为止了！或者说，还没完。本书仅仅窥探了说服性写作技巧的门径。在网上与其他书籍中能找到更多的内容，你感兴趣的话可以再一探究竟。请多多阅读。

后面的附录有对写作规则的小结，还有一个说服性写作的检查表，以及一些有用的工具和七步简洁写作法的真实范例。

最后，如果你对本书并没留下什么深刻印象的话，那么请一定记住以下两点：

读者反应＝最终结果

以及

如果运用某个规则会削弱作品的说服力，那么就要毫不犹豫地打破这个规则。

附录 1　规则小结

第 1 章

规则 1：文档中要有"行动召唤"。

第 2 章

规则 2：利用他人的情绪达到自己的目的。

规则 3：运用"你们、你、我们、我"与读者直接沟通。

规则 4：告诉读者你能带来的利益，而不仅仅是事物的特征。

规则 5：向读者讲述故事。

第 3 章

规则 6：读者永远是对的。

第 5 章

规则 7：删除读者不认识的行业术语。

规则 8：除非是一些非常正式的情形，否则尽量采用谈话的方式来写作。

规则 9：不要写读者一口气读不完的长句子。

规则 10：灵活掌握句子的长短变化。

规则 11：每个句子只包含一个要点。

规则 12：删除形容词和副词。

规则 13：删除任何无法产生说服效果的词。

规则 14：运用举例和类比来加深读者的理解。

第 6 章

规则 15：尽可能使用主动句。

第 7 章

规则 16：不要依赖文字处理软件中的自动语法检查功能。

规则 17：慎用与善用标点符号。

规则 18：找其他人校对你的写作内容。

第 8 章

规则 19：让你的要点易于理解。

第 9 章

规则 20：让留白成为你的朋友。

规则 21：只有每行的单词数在 10～12 个时采用两端对齐，否则就用左端对齐。

规则 22：多用言简意赅的标题，每张 A4 纸的篇幅中至少要有 2～3 条有实质意义的标题。

附录 2　推荐阅读

　　以下是一些值得一读的书籍，有些是关于写作技巧的，有些则是我在本书中所提及的书目，它们当中的内容为我的写作提供了某些素材与灵感。祝大家阅读愉快。

　　Baggini, J.（2008）, *The Duck that Won the Lottery*（Granta Books）

　　Camp, L.（2007）, *Can I Change your Mind?*（A&C Black Publishers Ltd）

　　Cutts, M.（2009）, *Oxford Guide to Plain English*（Oxford University Press）

　　Goldacre, B.（2009）, *Bad Science*（Harper Perennial）

　　Lehrer, J.（2010）, *The Decisive Moment*（Canongate Books）

　　Sutherland, S .（2007）, *Irrationality*（Pinter & Martin）

　　Taylor, N.（2008）, *Brilliant Business Writing*（Prentice Hall）

　　Weiner, E.S.C and Dlahunty, A.（1994）, *The Oxford Guide to English Usage*（BCA）

附录 3　说服性写作流程图

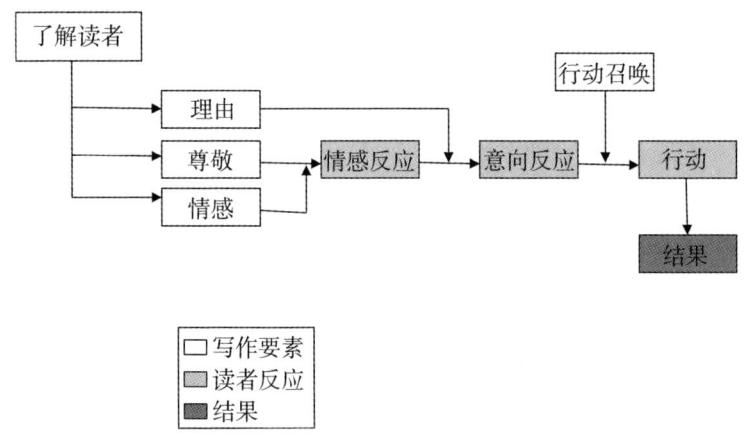

附录 4 说服性写作检查表

读者	姓名（如果已知）	
	性别	
	年龄	
	受教育程度	
	职业	
	与你的关系	
	为什么要看你的写作内容	
	会在什么地方看	
	会在什么时候看	
	挑剔程度	
要达成的结果		
达成结果时间表		
读者的行动（你需要他们做些什么?）		
情感上的反应（你可以利用哪种情绪得到预期反应?）		
声誉（是否能够利用自己或者他人的声誉?）		
理由（从逻辑上说为什么他们要按你的预期来做?）		

续表

读者	姓名（如果已知）	
结构（采用怎样的结构?）		
故事/情节（是否想讲一个故事，故事是什么？怎么讲?）		

附录5 利用与避免影响人们决策的因素

第3章给出了许多心理学技巧，这个附录是总结一套写作时如何利用与避免人们决策时的心理因素，便于进行提示与使用。

先入为主——人们会根据第一印象形成观点，并对最先看到的信息记得最清楚。

如何利用：小结或摘要；吸引眼球的标题。

如何避免：如果其他人已形成现成的观点，利用近因效应在最后给出你的观点。

可用性法则——更容易回忆起来的信息在决策中影响更大。

如何利用：让读者震惊；将你的观点与他们的个人经验相关联；讲述故事；用文档排版来吸引他们的注意力；灵活运用首因效应与近因效应。

如何避免：讲述反面例子；直面误解（例如：我以前也是这么想的，不过……）；质疑已有的证据。

一致性法则——一旦人们做出了决定就很难改变，这主要是因为：

■ 沉没成本偏差：眼前的损失比将发生的潜在损失更让人痛苦。

■ 合理化：大脑会将信息加工成与你现有观点一致的证据。

■ 证实倾向：你只会去搜寻与你观点一致的证据。

179

■ 社会压力：保持一致性是个人强大的标志。

如何利用：寻找持有同意意见的人的决策；强调已有的投入；让已证实的观点能被容易找到；对读者的一致性表示褒奖。

如何避免：强调未来可以节省的费用；展示从决定之日起，情况已经发生的变化（读者当时并没有错误判断）；使读者不容易证实（而更容易证伪）；通过类比来说明读者在类似的情况下也一定会有不同的看法；向读者展示社会精英也与你的意见一致。

理由与证据——人们乐于知道原因，即使"因为"不那么可信，人们也只是大概做个比较，并不会精确地对比。

如何利用：解释读者为什么要做出这个决定；尽可能地展示精确比例的对比数据。

如何避免：坦白说明自己缺乏证据，但要充分调动他们的直觉与感觉（每个人对自己的直觉都很自信，要投其所好）；要向其展示任何赌博的成本都很低；如果对比例不是特别敏感，可以对比实际的收益/损失比。

简单法则——人们在持续地寻找简单的生活，并且容易相信通向成功有潜在的捷径。

如何利用：要向读者展示你想让他们做出的决定会让生活变得更简单；找出决策者特别讨厌的事情，看看通过你的建议会否对此有所缓解；如果有需要的话，可以提供一些额外的好处。

如何避免：与其他"看上去好得有些难以置信"的情况做

对比，通过举例和类比说明成功之路漫长而艰辛，并没有捷径。

得与失——我们通常过分看重自己所拥有的事物；如果我们快速做出决定，会选择更小、更快的回报；我们并不擅长将短期的"所得"与长期的"花费"联系在一起；我们的大脑会做出一个粗略的潜意识的成本/收益分析。

如何利用：给予读者短期收益；强调决策错误后带来的损失；让成本显得更小；如果希望读者做选择，向他们展示为什么其他选择更具吸引力。

如何避免：强调长期的成本投入，在潜意识做出决定前避免谈及收益/损失的大小。

外部影响——人们在决策时会寻求外部的帮助，他们最容易受到自身的经验、一致认同感与志向的影响。

如何利用：利用读者最崇拜的人物的推荐；找专业人士背书与代言；告诉读者大家都在这样做。

如何避免：鼓励读者保持个人的独立。

重复——找到不同的方式来强调同一内容。

锚定——大脑在没有其他更好的选择时，会用最近的数据做出比较。

如何利用：要包括能让关键数字在对比中显得更好的更大/更小的数据。

如何避免：关注和成本有关的数据，如果有必要，可以删除一些数据。

光环/尖角效应——如果你在某方面非常有名，人们会认定你在别的方面也同样出色，反之亦然。

如何利用：利用名人来赢得社会认同；做成某项辉煌事迹来打造你的声誉。

如何避免：强调你的声誉，并向读者展示事物是如何变化的；对于竞争对手，利用类比来说明擅长某事不代表各方面全能。

近因效应——大脑会对最后看到的内容念念不忘，人们最有可能在最后三个选项中做出决定。

如何利用：向读者提供三个选项，将你最希望选择的一条放在最后；写个总结性小结；在最后才给出观点。

如何避免：如果不是最后一个，那必须是第一个。将不怎么好的信息放到中间或者附录当中去。

附录6　七步简洁写作法范例

我们来看一段从一个研究项目申请报告中节选的内容。请注意，这份申请是向欧盟委员会提交的，项目审批人很可能不是英国人。这一点对于用词的选择非常重要。当然，以下的文字并没有任何低级错误，但是让人感觉冗长且言之无物，故事叙述也不流畅。以下是原文摘录：

随着大众对水源污染的了解越来越多，人们对优质水源的渴求也日益强烈。这对水资源管理提出了更为严格的要求。具体的要求是扩大常规污染源的范畴，降低其最高污染值含量（Maximum Contaminant Level，MCL）。人口的急剧增长造成人均可用水资源在逐渐减少，工业废水的利用与生产过程中污染源的修复变得越来越关键。

虽然在废水处理上的投入一直在增长，而且河流与淡水等水源品质在提升，而欧洲大陆的废水还是到处可见，对经济社会生活的影响无处不在。

许多情况下，环境"质量"会受到以下因素的影响：市容脏乱差、空气异味重、捕鱼成功率下降及鱼虾类的污染对生态旅游和渔业生产都有直接的负面影响。生态和社会影响直接造成了连锁的经济反应，许多问题由此产生，例如对河道和水源的清理所带来的经济负担。

在全球范围内，每个人的可用水量在过去30年间已下降了40%，欧洲也未能幸免。ERA强调，欧洲大陆1/3的地区已经处于 5000 m³ 每人每年的最小用水值以下——这不仅包括地中海区域，在人口与工业密集的北部国家中也是如此。欧洲有 54% 的水量用于工业，26% 用于农业，剩下的 20% 是家庭用水。每个国家的情况不一，用水需求量上升直接引发了水资源的过度开发。此外，有 20 个国家需要依赖邻国给予 10% 以上的水资源供应，而荷兰与卢森堡对邻国的水资源依赖程度达到了 75%。

第一步：列出标题与观点

运用你最擅长的技巧（见第 8 章），通过一系列小标题来列出全文要点。每个小节以项目符号来完成，每个符号表达的是最突出的要点。

如果是从无到有开始写作，那么通过这一步你就会起草出整个文档的要点。我们将所有的要点信息概况，并一一列出摘要。本节内容所要表述的就是：

1. 水质的管理要求越来越高。
2. 因此工业生产需要回收废水。
3. 污染对水质的影响非常大。
4. 欧洲可用水源大量减少。
5. 工业生产消耗了大多数水量。

第二步：讲述完整的故事

检查项目符号所列的要点，一定要保证它们有效地叙述了一个完整的故事。是否有更好的方式来组织这些要点呢？你是否遗漏了关键的逻辑步骤？

很快，你就会发现以上所列不符合一个故事情节的逻辑。从提出问题到得出解决方案的结构才会显得逻辑清晰，因为该项目就是为了帮助企业回收利用废水的。调整以后，就得出以下的逻辑结构：

1. 欧洲可用水源大量减少。
2. 污染对水质的影响非常大。
3. 水质的管理要求越来越高。
4. 工业生产消耗了大多数水量。
5. 因此工业生产需要回收废水。

第三步：不断扩展

完成文档初稿后，就可以为项目符号添加必要的词汇，组成完整的句子。这些内容应该用于描述事实，而不是增加新的故事情节。

在这项逆向工程启动后，只要简单提取最有效的事实来支持你的观点并用连接词让语句变得通顺即可。在第一轮修改后，我们得到的文字如下：

在过去 30 年间，全球人均可用水量已经下降了 40%，即使在欧洲，1/3 的陆地上人均可用水的标准已经降至每年 5000 m^3 以下。

由于工业废水的污染，水资源短缺的情况日渐恶化（exacerbated），同时也影响到了市容市貌、空气污浊、捕鱼成功率和海产品的收成，并对经济社会产生了联动的负面影响。

随着大众对水污染的认知与日俱增，优质水源的需求也变得越来越强烈，这促使我们要采取更严格的措施来降低最高污染物含量（Maximum Contaminant Level，MCL）。有 54% 的水量消耗来自工业生产，所以工业废水的回收利用就变得势在必行。

经过修订的文字在字数上已经很精炼了，但还需要润色，接下来，我们要确保每个句子不要包含过多或者不必要的信息。

第四步：单独审查每个句子

- 真正要表达什么意思？是否会引发歧义？
- 我是否需要写这句话？这样是否会增强全文的表达效果？
- 句子中是否有其他非要点的内容？如果有，是否可以删除，或将其单独列成一个独立的句子？

在过去 30 年间，全球人均可用水量已经下降了 40%。即使在欧洲，1/3 的陆地上人均可用水的标准已经降至每年 5000 m^3 以下。

由于工业废水的污染，水资源短缺的情况日渐恶化（exacerbated），同时也影响到了市容市貌、空气污浊、捕鱼成功率和海产品的收成，并对经济社会产生了联动的负面影响。

随着大众对水污染的认知与日俱增，优质水源的需求也变得越来越强烈，这促使我们要采取更严格的措施来降低最高污染物含量（Maximum Contaminant Level，MCL）。有 54% 的水量消耗来自工业生产，所以工业废水的回收利用就变得势在必行。

我们在此修改的内容只是将头两个句子拆开，让每句的平均长度缩短，这样每句话中的要点就更明确。现在我们要做的是让每一部分内容更易阅读，让文字更具有冲击力。

第五步：通读每个小节

行文是否流畅？是否需要添加一些内容来丰富故事？

好了，这里看上去没有什么问题。

第六步：完成文档的编辑

可以运用以下技巧完成编辑工作：

- 概括：是否能用一个词或者短语取代一大段相似的内容？要特别留意"并且"这个词，通常它后面跟着许多不必要的内容。
- 删除不必要的术语：一个不懂行的读者是否都能理解？
- 修改句子长度：让每一个句子的长度尽量控制在 20 个词以内，并保持句子长短节奏的变化。

如果还有时间：

- 避免不必要的形容词/副词。
- 去掉重复的内容，特别是那些完全相同的内容。

在全球，人均可用水量在过去 30 年间已经下降了 40%。即使在欧洲，1/3 的陆地上人均可用水的标准已经低于每年 5000 m^3。

水资源短缺的情况由于工业废水的污染日渐恶化（made worse），其影响包括市容脏乱、空气污浊，捕鱼的成功率降低和海产品的收成下降等，并对经济社会产生了连锁反应。

这些影响加上人们对优质水源的需求越来越强烈，促使我们要采取更严格的措施来降低最高污染物含量（Maximum Contaminant Level，MCL）。有54%的水量消耗来自工业生产，所以工业废水的回收利用已经势在必行。

要点：

- 简化了第一句话的结构，字数减少了，可读性增强了。
- 用"低于"取代了"降至……以下"，语言更加平实，表达更为清晰明确。
- 用"made worse"代替了"exacerbated"。虽然我很喜欢后者，但是在日常生活中并不是常用词，对于母语非英语的人来说，这会造成阅读困难。
- 对第二段做了一些微调，逻辑性更强了，并用"连锁反应"代替了"联动的负面影响"。
- 去掉了"随着大众对水污染的认知与日俱增"这一句，用"这些影响"代替，因为两者完全说的是一回事，这也可以有效地将最后两段连接在一起。
- 用"已经"代替了"就变得"，因为废水的回收利用已经非常关键了。

第七步：通读与校对

稍候片刻，你再回过头重读一遍全文，并且要从头到尾高声朗读，找出任何的拼写/语法错误。

- 5000 m^3 这一数据没什么意义，因为没有与之比较的基础数据。

- 如果能将对经济的影响加以量化，效果会更好。
- 严格的措施与废水利用之间没有直接的关系。

将以上几点修改后，我们得到的文字如下：

在全球，人均可用水量在过去 30 年间已经下降了 40%。即使在欧洲，1/3 的陆地水资源短缺（低于 5000 m^3 每人每年）。

水资源短缺的情况由于工业废水污染日渐恶化，其影响包括：市容脏乱、空气污浊、捕鱼的成功率降低和海产品的收成下降等，并对经济社会产生了连锁反应。

这些影响加上人们对优质水源的需求越来越强烈，促使我们要采取更严格的措施来降低最高污染物含量（Maximum Contaminant Level，MCL）。有 54% 的水量消耗来自工业生产，因此对工业废水的回收利用正好可以达成这一目标。

完成所有的编辑后，效果究竟怎样？字数降到了原文的 70%，句子长度几乎只有原来的一半（更容易阅读了），所有的可读性指标都有显著提升，最重要的是，文字的表达更加有效了。当然你还可以就上文再进行反复润色，但最重要的事反而是适可而止。一旦已将要点悉数表达清楚，就尽量让文字紧凑、有效。但是，也需要记住，如果说服性还是不强，那么"少就是多"这个原则也不一定适用了。

图书在版编目（CIP）数据

说服性写作 /（英）彼得·弗雷德里克(Peter Frederick) 著；肖志文译. —长沙 ：湖南科学技术出版社，2022.1
　ISBN 978-7-5710-1219-9

Ⅰ. ①说… Ⅱ. ①彼… ②肖… Ⅲ. ①写作学 Ⅳ. ①H05

中国版本图书馆 CIP 数据核字(2021)第 192654 号

著作权合同登记号：18-2020-063

SHUOFUXING XIEZUO
说服性写作
著　者：[英] 彼得·弗雷德里克(Peter Frederick)
译　者：肖志文
出 版 人：潘晓山
责任编辑：李　柔
出版发行：湖南科学技术出版社
社　　址：长沙市芙蓉中路一段 416 号泊富国际金融中心
网　　址：http://www.hnstp.com
湖南科学技术出版社天猫旗舰店网址：
　　　　　http://hnkjcbs.tmall.com
邮购联系：0731-84375808
印　　刷：长沙鸿和印务有限公司
　　　　　（印装质量问题请直接与本厂联系）
厂　　址：长沙市望城区普瑞西路 858 号
邮　　编：410200
版　　次：2022 年 1 月第 1 版
印　　次：2022 年 1 月第 1 次印刷
开　　本：880mm×1230mm　1/32
印　　张：6.25
字　　数：130 千字
书　　号：ISBN 978-7-5710-1219-9
定　　价：49.00 元
（版权所有·翻印必究）